Michaela Lambrecht

Mit Bewegung durch das Kita-Jahr

Bewegungslandschaften, Mitmach-Geschichten, Tänze und Spiele

Verlag an der Ruhr

Impressum

Titel
Mit Bewegung durch das Kita-Jahr
Bewegungslandschaften, Mitmach-Geschichten, Tänze und Spiele

Autorin
Michaela Lambrecht

Fotos
Fotolia.com
S. 20 © fajno; S. 23 © Robert Kneschke; S. 34 © awarts; S. 36 © Vera Kuttelvaserova; S. 40 © vlad61_61; S. 43 © thaneesa; S. 46 © Bobo; S. 53 © Jean Kobben; S. 55 © yak_olesya; S. 70 © Africa Studio; S. 71 © cosma; S. 77 © Microgen

Hanna Schenck:
S. 25, S. 72, S. 86

Katrin Brown:
S. 10, S. 15, S. 16, S, 17, S. 24, S. 31, S. 33, S. 85, S. 88, S. 91

Katharina Hajdu:
S. 9, S. 28, S. 38, S. 60, S. 67, S. 92, S. 96

Illustrationen
Petra Lefin

Lektorat
Mareike Kerz

Druck
AZ Druck und Datentechnik GmbH, Kempten, DE

Verlag an der Ruhr
Mülheim an der Ruhr
www.verlagruhr.de

Geeignet für Kinder von 3–6 Jahren

ISBN 978-3-8346-3219-7

Inhaltsverzeichnis

Ein paar Worte vorab … 5

Mit Bewegung durch die Frühlingszeit … 7

Frühlingserwachen … 8

- Bewegungsgeschichte: Wir hängen unsere Wäsche auf … 8
- Bewegungslandschaft: Wir machen uns frühlingsfit … 9
- Bewegungsangebot: Bewegung für unsere Füße … 10
- Spiel im Kreis: Auf der bunten Frühlingswiese … 11
- Tanz: Schmetterling, du kleines Ding … 12
- Bewegung im Freien: Die Tiere freuen sich über den Frühling … 13

Aprilwetter … 14

- Bewegungsgeschichte: Es hat geregnet … 14
- Bewegungslandschaft: Aprilwetter … 16
- Bewegungsangebot: Regen, Hagel und Gewitter … 17
- Spiel im Kreis: Wir ziehen Regenkleidung an … 18
- Tanz: Ein Hut, ein Stock, ein Regenschirm … 19
- Bewegung im Freien: Regentropfen sammeln … 20

Ostervorbereitung beim Osterhasen … 21

- Bewegungsgeschichte: Aufregung bei den Osterhasen … 21
- Bewegungslandschaft: Wir suchen die versteckten Ostereier … 23
- Bewegungsangebot: Eier-Golf … 25
- Spiel im Kreis: Osterhase, bewache deine Eier … 26
- Tanz: Osterhasentanz … 27
- Bewegung im Freien: Schatzsuche nach den Ostereiern … 28

Mit Bewegung durch die Sommerzeit … 29

Summen, brummen, Blumenwiese … 30

- Bewegungsgeschichte: Die kleine Biene sammelt Honig … 30
- Bewegungslandschaft: Spinnennetze auf der Blumenwiese … 32
- Bewegungsangebot: Fleißige Bienen … 33
- Spiel im Kreis: Wespennest … 34
- Tanz: Summ, summ, summ … 35
- Bewegung im Freien: Wahrnehmungsspaziergang auf der Wiese … 36

Plitsch, Platsch, Wasserspaß … 37

- Bewegungsgeschichte: Urlaub am Strand … 37
- Bewegungslandschaft: Im Schwimmbad … 39
- Bewegungsangebot: Hilfe, der Hai kommt … 40
- Spiel im Kreis: Auf hoher See unterwegs … 41
- Tanz: Bändertanz mit blauen Bändern … 42
- Bewegung im Freien: Wasserspiele … 43

Heiß, Schweiß, Eis … 44

- Bewegungsgeschichte: Radtour … 44
- Bewegungslandschaft: Barfußparcours … 46
- Bewegungsangebot: Die Tiere suchen Schatten … 47
- Spiel im Kreis: Heute gibt es Eis! … 48
- Tanz: Trarira, der Sommer, der ist da … 49
- Bewegung im Freien: Fahrzeuge in Aktion! … 50

Inhaltsverzeichnis

Mit Bewegung durch die Herbstzeit 51

Kastanien, Wind und Blättertreiben 52

Bewegungsgeschichte: Herbstspaziergang im Wald 52
Bewegungslandschaft: Rund um die Natur 54
Bewegungsangebot: Wir balancieren Kastanien ... 55
Spiel im Kreis: Familie Müller macht einen Herbstspaziergang 56
Tanz: Blättertanz 57
Bewegung im Freien: Herbstspirale hüpfen 58

Erntezeit: Äpfel, Birnen und Pflaumen 59

Bewegungsgeschichte: Familie Wirbelwind macht einen Ausflug 59
Bewegungslandschaft: Obsternte 61
Bewegungsangebot: Zwetschgendatschi backen ... 62
Spiel im Kreis: Obstsalat 63
Tanz: In meinem kleinen Apfel 64
Bewegung im Freien: Im Garten steht ein Apfelbaum 65

Halloween und Lichterfest 66

Bewegungsgeschichte: Zwei kleine Gespenster unterwegs 66
Bewegungslandschaft: Gespensterturnen 68
Bewegungsangebot: Die Gespenster jagen die Fledermäuse 69
Spiel im Kreis: Kerzenkreis 70
Tanz: Taschenlampentanz 71
Bewegung im Freien: Kerzenstaffel 72

Mit Bewegung durch die Winterzeit 73

Weihnachtsvorbereitungen 74

Bewegungsgeschichte: Wir helfen dem Nikolaus ... 74
Bewegungslandschaft: Christbaumschmuck-Parcours 76
Bewegungsangebot: Plätzchen backen 78
Spiel im Kreis: Bei wem klingelt das Glöckchen? ... 79
Tanz: Kling, Glöckchen, klingelingeling 80
Bewegung im Freien: Weihnachtsspaziergang im Wald 81

Schneetreiben und Eiseskälte 82

Bewegungsgeschichte: Schnee und Eis 82
Bewegungslandschaft: Wintersport 84
Bewegungsangebot: Eiskristalle fangen 85
Spiel im Kreis: Schneeballtransport 86
Tanz: Schneeflöckchen, Weißröckchen 87
Bewegung im Freien: Schneeballweitwurf 89

Fasching, Fastnacht, Karneval 90

Bewegungsgeschichte: Reise ins Roboterland ... 90
Bewegungslandschaft: Fasching im Zirkus 91
Bewegungsangebot: Spiele mit dem Luftballon ... 92
Spiel im Kreis: Aramsamsam 93
Tanz: Tierpolonaise 94
Bewegung im Freien: Wir machen eine Parade ... 95

Anhang 96

Ein paar Worte vorab ...

Liebe Leserinnen und Leser*,

Kinder haben meistens einen großen Bewegungsdrang: Sie wollen laufen, hüpfen, klettern und vieles mehr. Viele Kinder besuchen mehrere Stunden am Tag eine Kita, deshalb ist es wichtig, dass Sie den Kindern ausreichend Möglichkeiten zur Bewegung geben. Gehen Sie nicht nur einmal an einem festgelegten Tag in der Woche in den Bewegungsraum, sondern integrieren Sie Bewegung in den Tagesablauf und bieten Sie den Kindern vielfältige Bewegungsangebote.
Mit diesem Buch möchte ich Sie dabei unterstützen. Passend zu jeder Jahreszeit finden Sie kindgerechte Bewegungsgeschichten, Bewegungslandschaften, Turnangebote, Kreisspiele, Tänze und Bewegungsspiele für draußen.
Alle Angebote sind so aufbereitet, dass es Ihnen ohne viel Vorbereitung gelingt, Bewegung auch spontan bei Bedarf, z. B. wenn die Kinder unruhig sind, in den Kitaalltag einzubringen.

Warum ist Bewegung so wichtig für Kinder?

Regelmäßige Bewegung fördert die Entwicklung der kindlichen Grob- und Feinmotorik. Der Gleichgewichtssinn und die Ausdauer werden gestärkt, die Wahrnehmungsfähigkeit wird verbessert und die Kinder werden in ihren Bewegungsabläufen sicherer. Sicherheit in den Bewegungsabläufen beugt Unfällen vor. Aber auch soziale Fähigkeiten, wie miteinander zu spielen, Regeln einzuhalten, abzuwarten, bis man selbst an die Reihe kommt, sind positive Effekte regelmäßiger Bewegung. Das kindliche Selbstwertgefühl steigt durch Erfolge beim Sport. Bewegung beugt zudem Haltungsschäden, Koordinationsschwächen und Adipositas vor und wirkt sich positiv auf die Intelligenz- und Sprachentwicklung aus.

Zum Umgang mit diesem Buch

Ein großes Anliegen ist es mir, dass sich Kinder gern und regelmäßig bewegen. Bewusst habe ich die Spiele so ausgewählt, dass alle Kinder in Bewegung sind und keine Kinder aus dem Spiel ausscheiden.
Normalerweise scheiden bei Fang- und Laufspielen die Kinder am schnellsten aus, für die es besonders wichtig ist, sich zu bewegen.
Die Tänze sind meist frei und laden die Kinder ein, sich kreativ zur Musik zu bewegen, ohne zahlreiche Schritte erlernen zu müssen. Falls Tanzschritte vorkommen, sind diese leicht erlernbar.

Das sollte in keinem Bewegungsraum fehlen

Statten Sie Ihren Bewegungsraum mit folgenden Geräten und Materialien aus:

Großgeräte:
- zwei Langbänke
- Sprossenwand
- mehrere Turnmatten
- Weichbodenmatte (wenn möglich)
- kleines Trampolin
- Turnkasten
- Kriechtunnel

Kleingeräte:
- Schwungtuch
- mehrere Reifen
- Chiffontücher in verschiedenen Farben
- Bälle in verschiedenen Ausführungen
- Rollbretter
- kleine Säckchen
- mehrere Springseile und ein Langseil
- kurze Rhythmikbänder

Hilfreiche Alltagsmaterialien:
- Teppichfliesen
- Bierdeckel
- Kastanien
- Zeitungspapier
- Watte
- Kartons in verschiedenen Größen

---

* *Aus Gründen der besseren Lesbarkeit wird im Verlauf immer nur die weibliche Form verwendet. Selbstverständlich sind damit auch immer auch männliche Erzieher gemeint.*

Ein paar Worte vorab ...

Sicherheitstipps

Um Unfälle zu vermeiden, sollten Sie die folgenden Sicherheitstipps beherzigen:

- Bevor Sie mit Bewegungsangeboten beginnen, ist es wichtig, den Raum auf Gefahrenquellen, wie Stolperstellen oder umherliegende Gegenstände, zu prüfen und diese gegebenenfalls zu beseitigen.
- Überprüfen Sie die Großgeräte vor der Verwendung.
  Sitzen alle Schrauben fest oder hat sich etwas gelockert und muss nachgezogen werden?
- Besonders beim Turnen mit Geräten ist es wichtig, ausreichend Matten zur Absicherung auszulegen.
- Die Kinder sollten entweder rutschfeste Schuhe oder Socken tragen oder barfuß sein sowie geeignete Bekleidung tragen. Achtung, Strangulierungsgefahr: Es dürfen keine Schals und Ketten getragen werden oder Kordeln an der Kleidung sein.
- Auch größere Ohrringe sind abzulegen, da die Kinder daran hängen bleiben könnten.
- Lassen Sie die Kinder nicht unbeaufsichtigt an den Großgeräten turnen und bieten Sie Hilfestellung an, wenn diese von den Kindern benötigt wird.
- Besprechen Sie zu Beginn mit den Kindern den Umgang mit den Geräten, beispielsweise wie viele Kinder gleichzeitig auf die Sprossenwand oder das Trampolin dürfen und was beachtet werden muss.

Mit Bewegung durch die

Frühlingszeit

Frühlingserwachen

Bewegungsgeschichte: Wir hängen unsere Wäsche auf

Alter: ab 3 Jahren

Gruppengröße: ca. 12 Kinder

Ort: Bewegungsraum

Dauer: ca. 25 Minuten

Material: kein Material erforderlich

Vorbereitung:

Es ist keine Vorbereitung erforderlich.

Los geht's:

Endlich ist es Frühling und wir können unsere Wäsche wieder im Garten aufhängen. Zuerst nehmen wir die Wäsche aus der Waschmaschine und legen sie in den Wäschekorb.	*Alle beugen sich nach unten und stellen mit den Händen das Entnehmen der Wäsche dar, machen dann eine kleine Drehbewegung und spielen das Ablegen der Wäsche in den Wäschekorb.*
Jetzt müssen wir unseren schweren Wäschekorb aus dem Badezimmer in den Garten tragen. Dazu müssen wir einige Treppen hinuntersteigen.	*Die Hände leicht anwinkeln, das Tragen des Wäschekorbes darstellen und dabei abwechselnd mit dem linken und dem rechten Fuß kurz aufstampfen*
Puh, geschafft!	*Mit einer Hand über die Stirn fahren*
Unsere Wäscheleine hängt ganz weit oben und wir müssen uns auf Zehenspitzen stellen, um hinzugelangen.	*Alle dürfen sich auf Zehenspitzen stellen.*
Oje, wir haben festgestellt, dass wir gar keine Wäscheklammern dabeihaben. Schnell laufen wir zurück ins Haus.	*Die Kinder dürfen mehrere Runden laufen.*
Mit großen Schritten steigen wir die Treppen hinauf.	*Alle machen große Schritte.*
Jetzt haben wir unsere Wäscheklammern. Schnell laufen wir wieder die Treppen hinunter.	*Schnelle Schritte machen und wieder mehrere Runden laufen*
Wir sind zurück bei unserer Wäscheleine. Endlich können wir unsere Wäsche aufhängen!	*Alle beugen sich nach unten, um etwas aus dem Wäschekorb zu holen, strecken sich dann auf Zehenspitzen nach oben und spielen das Aufhängen. Die Übung wird mehrmals wiederholt.*
Geschafft! Unsere Wäsche ist aufgehängt!	

Frühlingserwachen

Bewegungslandschaft: Wir machen uns frühlingsfit

Alter: ab 3 Jahren

Gruppengröße: ca. 12 Kinder

Ort: Bewegungsraum

Dauer: ca. 30 Minuten

Material: Trampolin – Sprossenwand – Langbank – mehrere Matten zum Absichern

Vorbereitung:

Bereiten Sie die Bewegungslandschaft vor: Stellen Sie das Trampolin und eine umgedrehte Langbank bereit und sichern Sie alles mit Matten.

Los geht's:

Jetzt ist es an der Zeit, uns wieder in Schwung zu bringen. Im Winter waren wir viel im Haus. Jetzt möchten wir unseren Körper richtig kräftigen.

Station 1: Hampelmann
Die Kinder dürfen mehrfach hintereinander einen Hampelmann machen.

Station 2: Sprossenwand
Jetzt dürfen alle Kinder die Sprossenwand mehrmals hoch- und runterklettern und dabei verschiedene Übungen durchführen.

- **Übung 1:** einfaches Hoch- und Runterklettern
- **Übung 2:** oben auf der Sprossenwand im Wechsel das linke und das rechte Bein nach hinten hochheben
- **Übung 3:** mit den Händen oben an der Sprossenwand festhalten und mit den Beinen hin- und herschwingen

Station 3: Trampolinspringen

- **Übung 1:** auf dem Trampolin möglichst hoch springen
- **Übung 2:** auf dem Trampolin hüpfen und sich dabei drehen, bis man wieder in der Ausgangsposition steht

Der Hampelmann macht fit!

Station 4: Balancieren auf der umgedrehten Langbank

- **Übung 1:** auf der umgedrehten Langbank vorwärts balancieren
- **Übung 2:** seitwärts die umgedrehte Langbank entlang balancieren
- **Übung 3:** im Wechsel das linke und das rechte Bein seitwärts schwingen und vorn absetzen

Bieten Sie jüngeren Kindern Hilfestellung an, indem Sie ihnen Ihre Hand reichen, oder drehen Sie die Bank um.

Frühlingserwachen

Bewegungsangebot: Bewegung für unsere Füße

Alter: ab 3 Jahren

Gruppengröße: ca. 12 Kinder

Ort: Bewegungsraum oder freier Platz im Gruppenraum

Dauer: ca. 25 Minuten

Material: für jedes Kind 1 kleines Säckchen

Vorbereitung:

Verteilen Sie die Säckchen an die Kinder. Die Kinder ziehen Schuhe und Strümpfe aus.

Los geht's:

Der Frühling ist da. Zeit, aus den Stiefeln herauszukommen und die Füße barfuß zu bewegen.

- Die Kinder sitzen am Boden oder auf einem Stuhl. Sie ziehen die Zehen zusammen und strecken sie wieder aus.
- Jetzt lassen die Kinder jeden Fuß nacheinander in beide Richtungen kreisen.
- Am Boden zeichnen die Kinder nacheinander mit den Beinen eine Acht in die Luft. Dabei können sie sich mit den Händen abstützen oder hinlegen.
- Nun kommt das Säckchen ins Spiel: Jedes Kind greift sein Säckchen mit den Zehen, wirft es nach oben und versucht, es mit den Händen aufzufangen.
- Alle Kinder setzen sich in einen Kreis. Ein Kind greift ein Säckchen mit den Zehen und reicht es an das nächste Kind weiter. Die leichtere Variante ist, wenn das Säckchen jeweils auf den Boden gelegt und von dort vom nächsten Kind aufgenommen wird. Schwieriger ist es, sich das Säckchen mit den Zehen gegenseitig hin- und herzureichen.

Mit ein bisschen Übung werden auch die Zehen richtig gelenkig.

Frühlingserwachen

Spiel im Kreis: Auf der bunten Frühlingswiese

Alter: ab 3 Jahren

Gruppengröße: max. 25 Kinder

Ort: Gruppenraum

Dauer: ca. 20 Minuten

Material: kein Material erforderlich

Vorbereitung:

Es ist keine Vorbereitung erforderlich.

Los geht's:

Die Kinder setzen sich in einen Kreis (Wiese). Sie dürfen sich entscheiden, ob sie eine gelbe, rote oder orangefarbene Blume spielen wollen. Die Erzieherin stellt sich in die Mitte der Wiese (Kreismitte). So kann sie auch die Bewegungen gemeinsam mit den Kindern zur Unterstützung mitmachen. Sie wünscht sich nacheinander die verschiedenfarbigen Blumen herbei, dazu werden jeweils wieder die Bewegungen der vorigen Blumenfarbe gemacht. Die Kinder der jeweiligen Blumenfarbe dürfen in die Kreismitte gehen und Folgendes spielen:

Die *(roten)* Blumen sind noch klein unter der Erde.	*Alle Kinder machen sich ganz klein.*
Langsam wachsen sie und strecken ihr Köpfchen aus der Erde heraus.	*Die Kinder beginnen, sich aufzurichten.*
Dann wachsen sie weiter, bis sie ganz groß sind.	*Die Kinder stehen jetzt.*
Sie öffnen ihre Blütenkelche und genießen die ersten Sonnenstrahlen.	*Die Kinder strecken ihre Arme nach oben und öffnen diese zur Seite.*
Die *(roten)* Blumen dürfen sich jetzt ein wenig ausruhen und genießen die leichte Brise. Jetzt sind die *(orangefarbenen)* Blumen dran.	*Die Kinder setzen sich hin und ruhen sich ein bisschen aus, bis die nächsten Blumenfarben fertig sind. Wiederholen Sie ab Schritt 1 für die anderen Farben.*
Die Sonne kommt raus! Nun erblüht die Frühlingswiese in den schönsten Farben!	*Jetzt spielen alle gemeinsam das Wachsen der Blumen nach.*
Wir haben Durst und beginnen zu welken.	*Die Kinder lassen den Kopf und die Arme nach unten hängen.*
Endlich, es regnet! Jetzt kommen wir wieder zu Kräften.	*Alle richten sich wieder auf.*
Es kommt wieder ein leichter Wind auf. Ah, tut das gut!	*Die Kinder wiegen sich im Stehen hin und her.*
Es wird Abend. Die Blumen werden müde und schließen ihre Blütenkelche.	*Die Kinder stellen sich gerade hin, schließen ihre Hände vor dem Körper und senken den Kopf.*

Frühlingserwachen

Tanz: Schmetterling, du kleines Ding

Alter: ab 3 Jahren

Gruppengröße: max. 12 Kinder

Ort: Gruppenraum

Dauer: ca. 20 Minuten

Material: kein Material erforderlich

Vorbereitung:

Es ist keine Vorbereitung erforderlich.

Los geht's:

Tanz:

Die Kinder bilden einen Kreis. Ein Kind darf beginnen und den Schmetterling spielen. Dazu geht es in die Mitte des Kreises und darf als Schmetterling umherfliegen. Bei **such dir eine Tänzerin** flattert der Schmetterling zu einem Kind und sie dürfen sich an den Händen nehmen und gemeinsam im Kreis drehen, bis das Lied zu Ende ist. Die anderen Kinder können dazu klatschen. Nun geht der erste Schmetterling zurück in den Kreis und die „Tänzerin" wird zum nächsten Schmetterling. Der Tanz wird so lang gespielt, bis alle Kinder einmal der Schmetterling waren. Sollten die Kinder unruhig werden, können Sie das Spiel auch so spielen, dass immer ein neuer Schmetterling gewählt wird und so jedes Kind am Ende nur einmal Schmetterling oder Tänzerin gewesen ist.

Frühlingserwachen

Bewegung im Freien: Die Tiere freuen sich über den Frühling

Alter: ab 3 Jahren

Gruppengröße: ca. 12 Kinder

Ort: Außengelände oder Park

Dauer: ca. 25 Minuten

Material: kein Material erforderlich

Vorbereitung:

Suchen Sie einen schönen Platz und stellen Sie sich alle in einen Kreis.

Los geht's:

Erzählen Sie die folgende Geschichte und passen Sie sie ggf. an die Umgebung an. Gibt es ein Klettergerüst, könnten die Kinder z. B. Eichhörnchen spielen.

Wir machen heute einen Spaziergang in die Natur, um zu sehen, ob auch die Tiere den langen Winter gut überstanden haben. Voller Freude gehen wir gemeinsam los.	*Zusammen mehrere Runden im Kreis gehen*
Als Erstes kommen wir an einer Koppel vorbei und sehen bereits mehrere Ponys vergnügt herumspringen. Lang waren sie im Stall, aber jetzt können sie wieder herumtollen.	*Alle bewegen sich ebenfalls wie die Ponys und galoppieren mehrere Runden.*
Beim Weitergehen hören wir ein lautes „Quak, quak". Auch die Frösche im Teich freuen sich über den Frühling und hüpfen vergnügt herum. Ob Kinder auch so gut wie die Frösche hüpfen können?	*Die Kinder hüpfen mehrmals wie ein Frosch.*
Kommt, wir laufen weiter und schauen, was noch im Frühling passiert!	*Mehrere Runden im Kreis laufen*
Vögel zwitschern und singen fröhlich und fliegen vergnügt umher.	*Alle spielen Vögel und laufen mit ausgestreckten Armen, die sie nach oben und unten bewegen, hin und her.*
Hurra, alle Tiere haben den Winter gut überstanden!	*Die Kinder springen vor Freude in die Luft.*
Leider ist es schon wieder Zeit für den Nachhauseweg. Gemeinsam beobachten wir nochmals die Vögel.	*Die Vögel werden erneut von den Kindern gespielt.*
Bald sind wir auch schon wieder bei den Fröschen.	*Die Kinder hüpfen wieder wie ein Frosch.*
Zuletzt kommen wir wieder an der Koppel vorbei. Die Pferde galoppieren richtig schnell über die Wiese.	*Jetzt dürfen schnelle Galoppsprünge gemacht werden.*
Alle Tiere freuen sich genauso über den Frühling wie wir!	

Aprilwetter

Bewegungsgeschichte: Es hat geregnet (1/2)

Alter: ab 3 Jahren

Gruppengröße: ca. 12 Kinder

Ort: Bewegungsraum

Dauer: ca. 25 Minuten

Material: mehrere Teppichfliesen – beidseitiges Klebeband, um die Teppichfliesen zur Sicherheit festzukleben – Langseil

Kleben Sie die Teppichfliesen (Pfützen) mit einigem Abstand zueinander am Boden fest.

Los geht's:

Stellen Sie sich mit den Kindern zusammen und erzählen Sie die folgende Geschichte, bei der die Kinder alle Bewegungen mitmachen können:

Es hat die ganze Nacht geregnet. Trotzdem möchten wir einen Spaziergang machen. Wir ziehen unsere Gummistiefel und die Regenjacken an und gehen gemeinsam los.	*Die Kinder spielen das Anziehen von Gummistiefeln und Regenjacke.*
Es gibt viele Pfützen auf unserem Weg. Mit Freude versuchen wir, über die Pfützen zu hüpfen, ohne nass zu werden.	*Die Kinder hüpfen zwischen die Teppichfliesen.*
Wir probieren dabei verschiedene Hüpfformen aus, zuerst mit beiden Beinen, dann im Galoppsprung und ganz Mutige sogar mit nur einem Bein.	*Die beschriebenen Hüpfformen dürfen ausprobiert werden.*
Vom vielen Hüpfen sind wir schon etwas müde und deshalb gehen wir etwas langsamer und atmen dabei tief ein und aus.	*Die Kinder gehen mehrere Runden im Kreis und atmen dabei kräftig ein und aus.*
Oh! Da kommt eine riesige Pfütze. Kommt, wir legen dieses dicke Seil darüber, damit wir darüber balancieren können.	*Sie legen das Langseil aus und alle Kinder dürfen darüber balancieren.*
Geschafft, wir sind alle trocken über die Pfütze gelangt. Oje, es fängt an zu regnen. Und der Regen wird immer kräftiger. Jetzt schüttet es ja richtig!	*Die Kinder dürfen den Regen nachspielen, indem sie abwechselnd mit beiden Beinen stampfen – erst ganz sanft und dann immer schneller und lauter.*
Schnell laufen wir zu einem Unterstand aus Holz.	*Die Kinder laufen mehrere Runden im Kreis.*

Aprilwetter

Bewegungsgeschichte: Es hat geregnet (2/2)

Wir müssen uns eng zusammenstellen, damit wir alle Platz haben.	*Alle rücken ganz nah zusammen.*
Der Regen wird immer weniger und hört bald ganz auf.	*Die Kinder stampfen wieder abwechselnd mit beiden Beinen, werden immer leiser und langsamer und hören dann ganz auf.*
Es sind viele neue Pfützen hinzugekommen. Mit Freude springen wir jetzt in die Pfützen. Toll, wie das spritzt!	*Die Kinder springen auf die Teppichfliesen.*
Jetzt ist es auch schon wieder Zeit für den Heimweg. Nass und zufrieden kommen wir im Kindergarten an. Schnell ziehen wir unsere Regenjacke und unsere Gummistiefel aus.	*Pantomimisch spielen alle das Ausziehen von Gummistiefeln und Regenjacke nach.*

Jetzt mit vollem Schwung in die Pfütze hüpfen!

Aprilwetter

Bewegungslandschaft: Aprilwetter

Alter: ab 3 Jahren

Gruppengröße: ca. 12 Kinder

Ort: Bewegungsraum

Dauer: ca. 20 Minuten

Material: 1 Reifen – Regenschirm – mehrere kleine Bälle – 1 Paar Erwachsenengummistiefel – Schwungtuch

Vorbereitung:

Bauen Sie die Stationen wie folgt auf:

1. Reifen auf dem Boden platzieren, geschlossenen Regenschirm und kleine Bälle dazulegen
2. Erwachsenengummistiefel bereitstellen
3. das Schwungtuch bereitlegen

Los geht's:

Nacheinander gehen Sie mit den Kindern von Station zu Station.

1. Station: Regenschirmspiel
Jedes Kind darf versuchen, mit dem Griff des geschlossenen Regenschirms kleine Bälle in den Reifen zu schießen.

2. Station: Gummistiefelweitwerfen
Nacheinander dürfen die Kinder einen großen Gummistiefel anziehen und versuchen, diesen von ihrem Fuß möglichst weit wegzuschleudern. Wer schafft es am weitesten?

3. Station: Wind
Alle Kinder sitzen um das Schwungtuch herum. Ein Kind liegt auf dem Schwungtuch und darf sich wünschen, ob es Wind, Sturm oder Orkan erleben möchte. Alle anderen Kinder stehen im Kreis um das Schwungtuch herum und heben es an. Bei Wind wird das Schwungtuch langsam und nur wenig bewegt. Bei Sturm wird das Schwungtuch schneller und etwas mehr bewegt. Bei Orkan wird das Schwungtuch sehr schnell bewegt.

Huh, ist das windig!

Aprilwetter

Bewegungsangebot: Regen, Hagel und Gewitter

Alter: ab 3 Jahren

Gruppengröße: ca. 12 Kinder

Ort: Bewegungsraum

Dauer: ca. 20 Minuten

Material: Handtrommel

Vorbereitung:

Es ist keine Vorbereitung erforderlich.

Los geht's:

Dieses Turnangebot ist eine Abwandlung des beliebten Bewegungsspieles „Feuer, Wasser und Luft". Sie schlagen die Trommel und alle Kinder laufen so lang im Raum herum. Über das Tempo können Sie in der Regel auch beeinflussen, wie schnell die Kinder laufen. Sobald Sie das Trommelspiel beenden, rufen Sie eines der Kommandos und die Kinder führen es aus. Beim erneuten Erklingen der Handtrommel dürfen die Kinder weiterlaufen.

Die Kommandos sind:

- **Regen:** im Fersensitz hinsetzen und mit den Händen im Wechsel auf den Boden trommeln
- **Wind:** die Arme hochheben und hin- und herbewegen
- **Donner:** ganz laut mit den Füßen trampeln
- **Blitz:** sofort ganz ruhig stehen bleiben
- **Hagel:** mit den Händen auf die Oberschenkel klatschen
- **Sonnenschein:** im Kreis um sich selbst drehen

 **Tipp:**
Anders als bei „Feuer, Wasser und Luft" sollte hier kein Kind ausscheiden, da es wichtig ist, dass sich alle Kinder reichlich bewegen.

In der Sonne bewegen wir uns gern.

Aprilwetter

Spiel im Kreis: Wir ziehen Regenkleidung an

Alter: ab 3 Jahren

Gruppengröße: ca. 12 Kinder

Ort: Gruppenraum

Dauer: ca. 20 Minuten

Material: 1 Paar Erwachsenengummistiefel – Regenjacke – aufgespannter Regenschirm – großer Würfel – für die Variante 2-mal identische Regenbekleidung

Vorbereitung:

Bilden Sie mit den Kindern einen Kreis und legen Sie alle Materialien in die Mitte.

Los geht's:

Nacheinander dürfen alle Kinder würfeln. Wer eine Sechs gewürfelt hat, darf in die Mitte laufen und so lang Regenbekleidung anziehen, bis ein anderes Kind eine Sechs würfelt. Dabei muss es immer nach jedem Kleidungsstück kurz zurück an seinen Platz laufen. Sobald ein anderes Kind eine Sechs würfelt, muss es stoppen, sich ausziehen und das nächste Kind ist an der Reihe.

Wer schafft es als Erster, beide Gummistiefel und die Regenjacke zu tragen und den Regenschirm zu halten?

Variante: Wettlauf
Hierfür ist zweimal identische Regenkleidung erforderlich: Bilden Sie zwei gleich große Gruppen, die gegeneinander antreten. Der erste Spieler jeder Gruppe beginnt, zieht die komplette Regenbekleidung an und läuft eine festgelegte Strecke vor und zurück. Dann zieht er die Regenbekleidung wieder aus und der nächste Spieler ist an der Reihe. Die Gruppe, die als erste wieder am Start ankommt, hat gewonnen.

Aprilwetter

Tanz: Ein Hut, ein Stock, ein Regenschirm

Alter: ab 3 Jahren

Gruppengröße: ca. 12 Kinder

Ort: Bewegungsraum

Dauer: ca. 20 Minuten

Material: für jedes Kind 1 Regenschirm

Vorbereitung:

Verteilen Sie die Regenschirme an die Kinder.

Los geht's:

Die Kinder stellen sich paarweise in eine Reihe und halten dabei in der jeweils äußeren Hand einen aufgespannten Regenschirm hoch. Ein bisschen Abstand muss gegeben sein, damit die Kinder sich nicht mit den Regenschirmen in die Quere kommen. Jetzt geht es mit dem rechten Fuß los! Zu **Ein Hut, ein Stock, ein Regenschirm** gehen die Kinder nach vorn, ein Schritt auf jede Silbe.
Bei **vorwärts** geht der rechte Fuß nach vorn, bei **rückwärts** nach hinten, bei **seitwärts** nach rechts und bei **steh'n** wieder zurück. Der Regenschirm begleitet die Bewegungen, d. h. der Arm mit dem Regenschirm geht auch **vorwärts, rückwärts** (so weit es geht zurück an den Körper ziehen), **seitwärts** und bei **steh'n** wieder zurück an den Körper.
Dies wird bis zum Ende des Raumes wiederholt, dann drehen die Kinder um und es geht auf demselben Weg wieder zurück.

Tipp:
Wenn Sie viel Platz für die Bewegung haben, können die Kinder vor dem Spruch auch bis zehn zählen und dabei vorwärts marschieren.

Ein Hut, ein Stock,
ein Regenschirm –
und vorwärts, rück-
wärts, seitwärts, steh'n!

Aprilwetter

Bewegung im Freien: Regentropfen sammeln

Alter: ab 3 Jahren

Gruppengröße: ca. 12 Kinder

Ort: Außengelände oder andere Grünfläche

Dauer: ca. 20 Minuten

Material: Regenwetter – wetterfeste Kleidung – kleine Gefäße zum Regentropfensammeln – großer Eimer

Vorbereitung:

Es ist keine Vorbereitung erforderlich.

Los geht's:

Rüsten Sie sich zusammen mit den Kindern mit Regenkleidung aus und gehen Sie nach draußen. Jedes Kind bekommt einen Behälter, in dem es Regentropfen einsammeln darf. Die Kinder dürfen sich dabei so bewegen, wie es ihnen gefällt. Die einzige Regel ist, dass die Kinder während der gesamten Zeit in Bewegung bleiben müssen. Sobald der Behälter voll ist, dürfen die Kinder alle gesammelten Regentropfen in einen großen Eimer schütten.
Wie viele Eimer es wohl werden? Das Regenwasser kann zum Gießen und für Wasserspiele verwendet werden.

Variante: Pfützenparcours
Im Gras werden in regelmäßigen Abständen die gesammelten Eimer mit Wasser entleert, sodass Pfützen entstehen. Gegebenenfalls müssen Sie zusätzlich einige Eimer mit Wasser aus der Wasserleitung verwenden. Jetzt dürfen die Kinder nacheinander über den Pfützenparcours hüpfen. Hier gibt es viele Möglichkeiten: vorwärts mit beiden Beinen, im Galoppsprung auf einem Bein … Vielleicht haben auch die Kinder Ideen.

Wie viele Regentropfen wohl in dem Eimer sind?

Ostervorbereitung beim Osterhasen

Bewegungsgeschichte: Aufregung bei den Osterhasen (1/2)

Alter: ab 3 Jahren

Gruppengröße: ca. 12 Kinder

Ort: Bewegungsraum

Dauer: ca. 20 Minuten

Material: mind. 24 weiße und braune Plastikeier (pro Kind mind. 2 Eier) – 4 Eierschachteln – großer Tisch mit braunem Tuch als Stall – Korb, in den alle Eier passen

Vorbereitung:

Bereiten Sie den Stall vor und verteilen Sie ca. zwölf Eier darin. Das Körbchen stellen Sie auch im Stall bereit. Die restlichen Eier verstecken Sie im gesamten Raum. Die Eierschachteln stellen Sie bereit, wenn die Kinder die Eier „bemalt" haben.

Los geht's:

Lesen Sie die Geschichte vor, die Kinder spielen sie nach und machen die entsprechenden Bewegungen.

Bald ist Ostern. Alle kleinen und großen Hasen haben deshalb viel zu tun. Wir müssen alle Eier einsammeln, um sie später den Kindern zu bringen.	*Die Kinder dürfen mehrere Runden wie Hasen hoppeln.*
Zuerst hoppeln wir zum Hühnerstall, um die Eier zu holen.	*Die Kinder dürfen die Eier im Stall suchen und ins Körbchen legen.*
Einige Eier sind ganz hinten im Stall versteckt. Passen wir auch alle rein? Wir müssen uns ganz klein machen, um an die Eier zu gelangen.	*Die Kinder machen sich ganz klein, damit alle in den Stall passen.*
Haben wir denn alle Eier gefunden? Vielleicht haben die Hühner ja auch noch woanders ihre Eier gelegt! Lasst uns suchen gehen.	*Die Kinder hoppeln wie Hasen durch den ganzen Raum und machen sich auf die Suche nach den Eiern.*
Hallo, da ist ja Familie Spinne! Lasst uns ein Stückchen mit den Spinnen gehen.	*Die Kinder dürfen die Spinnen nachspielen, indem sie auf allen vieren langsam gehen und dabei den Popo in die Höhe strecken.*
Jetzt müssen wir aber schnell alle Eier finden!	*Die Kinder suchen die versteckten Eier, dann hoppeln sie zum Stall zurück und legen sie in den Korb.*
Nun bemalen wir die Eier.	*Die Kinder spielen das Eierbemalen nach und setzen die Plastikeier in die Eierschachteln.*

Ostervorbereitung beim Osterhasen

Bewegungsgeschichte: Aufregung bei den Osterhasen (2/2)

Oh weh, da sind einige Raben, sie wollen die Eier stehlen!	*Die Kinder gehen aufrecht durch den Raum, bewegen die Arme wie Flügel und rufen „Krah, krah".*
Aber wir sind schneller und retten die Eier.	*Jedes Kind darf Eier aus den Schachteln nehmen. Es sollten alle Eier mitgenommen werden.*
Wir verstecken uns in einer Hecke und warten, bis die zwei Raben weg sind.	*Alle Kinder machen sich ganz klein und kauern sich eng aneinander, die Eier vorsichtig an sich gepresst.*
Puh, das war knapp. Zur Sicherheit bringen wir die Eier zurück in den Stall, falls noch mehr Eierdiebe kommen.	*Die Eier dürfen wieder im Stall im Korb abgelegt werden.*
Jetzt sind wir aber müde! Wir dürfen uns jetzt ein bisschen ausruhen, bevor der Osterhase kommt.	*Alle dürfen sich auf den Boden legen und mehrmals tief ein- und ausatmen.*

Ostervorbereitung beim Osterhasen

Bewegungslandschaft: Wir suchen die versteckten Ostereier(1/2)

Alter: ab 3 Jahren

Gruppengröße: ca. 12 Kinder

Ort: Bewegungsraum

Dauer: ca. 20 Minuten

Material: für jedes Kind 4 Plastikeier – Sprossenwand – Langbank – kleine Wäschesäckchen – Matten – Kriechtunnel – kleiner Tisch mit Tuch zum Abdecken – mehrere Kissen

Vorbereitung:

Bereiten Sie die Stationen vor. Hängen Sie die Langbank in die Sprossenwand und hängen Sie daran für jedes Kind ein Ei in einem Wäschesäcken auf verschiedenen Höhen auf. Sichern Sie die Station mit Matten ab. Im Kriechtunnel verstecken Sie die Eier unter mehreren Kissen. Die nächste Station sind blaue Matten (Wasser), über die eine Langbank (Brücke) führt; die Eier liegen auf den Matten. Für die letzte Station bedecken Sie einen Tisch mit einem Tuch und verstecken die Eier unter Kissen.

Los geht's:

Lesen Sie zu Beginn den Kindern den Brief vom Osterhasen vor, um sie auf die Eiersuche einzustimmen.

Liebe Kinder,

die kleine Charlotte ist leider krank geworden und kann deshalb ihre Ostereier nicht selbst suchen. Seid ihr so lieb und helft ihr, die Eier zu suchen?

Vielen Dank
Euer Osterhase

Ostervorbereitung beim Osterhasen

Bewegungslandschaft: Wir suchen die versteckten Ostereier (2/2)

Vor jeder Station können Sie gemeinsam den Vers sprechen:
„Ei, wo hast du dich versteckt,
gleich wirst du entdeckt!"

1. Station: Oben auf dem Berg
Die Kinder dürfen nacheinander den Berg hinaufklettern.
Als Belohnung darf jedes Kind sich hinterher ein Ei mitnehmen.

2. Station: Unter der Erde
Die Kinder kriechen durch den Kriechtunnel und nehmen sich ein Ei unter einem Kissen hervor.

Ob hier wohl ein Osterei versteckt ist?

3. Station: Im Wasser
Die Kinder kriechen über die Brücke und dürfen nur von dort aus ein Ei mit ihren Händen angeln.

4. Station: In der Höhle
Die Kinder müssen versuchen, in der Höhle ein Ei zu erlangen, ohne ganz in die Höhle zu kriechen.

Ostervorbereitung beim Osterhasen

Bewegungsangebot: Eier-Golf

Alter: ab 4 Jahren

Gruppengröße: ca. 12 Kinder

Ort: Außengelände oder Park

Dauer: ca. 30 Minuten

Material: mindestens 4 Kochlöffel – mehrere Plastikeier – Papprollen, durch die die Eier gerollt werden können – mehrere Springseile – Pylonen – Kriechtunnel – mehrere Eierschachteln – Matte

Vorbereitung:

Bauen Sie die Stationen vor Beginn auf, in folgender Reihenfolge:
Stellen Sie mehrere Pylonen auf einer ebenen Fläche in ausreichendem Abstand zueinander auf, legen Sie an einer Stelle mehrere Papprollen hintereinander, formen Sie aus den Seilen eine Spirale und legen Sie eine Matte über den Kriechtunnel.

Los geht's:

Wie beim Mini-Golf gehen die Kinder von Station zu Station. An jeder Station versuchen sie, ein Plastikei mit einem Kochlöffel durch und über diverse Hindernisse zu rollen.

Hindernis 1: Im Slalom durch die Pylonen
Im Slalom dürfen die Kinder die Eier mit dem Kochlöffel durch den Parcours rollen.

Hindernis 2: Durch die Küchenrollen
Nacheinander darf jedes Kind das Plastikei mit dem Kochlöffel durch die einzelnen Rollen schubsen.

Hindernis 3: Spirale aus Seilen
Die Kinder schieben das Ei mit dem Kochlöffel durch die Spirale – wenn genug Zeit ist, einmal von außen nach innen und dann wieder zurück.

Hindernis 4: Es geht bergabwärts
Jetzt dürfen die Kinder die Eier einen kleinen Mattenhügel herunterrollen lassen.

Hindernis 5: Aufräumen
Und zum Abschluss legen die Kinder die Eier mit dem Kochlöffel in eine Eierschachtel. Das ist gar nicht so leicht!

Ostervorbereitung beim Osterhasen

Spiel im Kreis: Osterhase, bewache deine Eier

Alter: ab 4 Jahren

Gruppengröße: max. 25 Kinder

Ort: Gruppenraum

Dauer: ca. 20 Minuten

Material: mehrere Ostereier oder Plastikeier – für jedes Kind 1 Tuch zum Augenverbinden – Schale für die Eier

Vorbereitung:

Es ist keine Vorbereitung erforderlich.

Los geht's:

Die Kinder bilden einen Kreis. Ein Kind darf den Osterhasen spielen. Es sitzt mit verbundenen Augen in der Mitte des Kreises. Mehrere Ostereier liegen in einer Schale vor ihm. Die anderen Kinder spielen Füchse und dürfen versuchen, sich leise anzuschleichen und dem Osterhasen ein Ei zu stehlen, ohne dass dieser es bemerkt. Der Osterhase muss versuchen, das Geräusch zu erkennen und in die Richtung zu zeigen, aus der das Geräusch kam. Gelingt es einem Kind, unbemerkt ein Ei zu erlangen, darf es der neue Osterhase sein. Wenn der Osterhase den Eierdieb hört, dürfen andere Füchse ihr Glück versuchen.

Variante: Der Osterhase bringt seine Eier in Sicherheit
Jetzt wird das Spiel andersherum gespielt. Der Osterhase versucht, seine Eier in Sicherheit zu bringen, indem er sich an den schlafenden Füchsen vorbeischleicht. Die Füchse sitzen im Kreis mit kleinen Lücken, sodass sich der Osterhase vorbeischleichen kann. Alle Füchse haben mit einem Tuch die Augen verbunden. Der Osterhase versucht jetzt, nacheinander jedes Ei einzeln vor den Füchsen zu retten. Die Füchse lauschen, wo sich der Osterhase befindet. Wenn ein Kind in die richtige Richtung zeigt, muss der Osterhase aufgeben und ein anderes Kind darf den Osterhasen spielen. Der bisherige Osterhase wird jetzt zu einem Fuchs.

 **Tipp:**
Sie sollten für jedes Kind ein eigenes Tuch zum Verbinden der Augen verwenden. Dadurch lässt sich das Risiko der Ansteckung mit bakterieller Bindehautentzündung verringern. Alternativ können Sie jedem Kind vor dem Binden ein frisches Taschentuch über die Augen legen.

Ostervorbereitung beim Osterhasen

Tanz: Osterhasentanz

Alter: ab 3 Jahren

Gruppengröße: max. 12 Kinder

Ort: Bewegungsraum

Dauer: ca. 20 Minuten

Material: für jedes Kind 1 Mütze und 1 Plastikosterei – CD-Player – Musik – Stuhl für jedes Kind

Vorbereitung:

Bereiten Sie einen Stuhlkreis vor.

Los geht's:

Jedes Kind darf seine Mütze aufsetzen und eine kleine Vertiefung nach unten eindrücken. In diese Vertiefung wird ein Plastikei gelegt. Die Kinder spielen die Osterhasen und dürfen jetzt frei im Raum tanzen. Wichtig ist nur, dass alle Osterhasen so lang tanzen, wie die Musik spielt. Hört die Musik auf zu spielen, versuchen sich alle Osterhasen zu setzen, ohne ihr Ei zu verlieren. Welchen Osterhasen gelingt das? Die Spieldauer ist beliebig.

Variante: Weniger Stühle als Kinder
Sie können auch weniger Stühle nehmen als Kinder mitspielen. So wird es schwieriger, einen freien Stuhl zu finden und das Osterei nicht zu verlieren. Spielen Sie das Spiel jedoch ohne Ausscheiden, so können sich alle Kinder reichlich bewegen.

Ostervorbereitung beim Osterhasen

Bewegung im Freien: Schatzsuche nach den Ostereiern

Alter: ab 3 Jahren

Gruppengröße: max. 12 Kinder

Ort: Außengelände

Dauer: ca. 50 Minuten

Material: selbst gestaltete Schatzkarte – für alle Kinder Schokoladeneier o. Ä. und 1 Osterhasen – für jedes Versteck 1 kleine gefaltete Schachtel – mehrere Sandschaufeln – kleines Fähnchen – kleine Körbe o. Ä.

Vorbereitung:

Bereiten Sie die Schatzkarte und die einzelnen Stationen vor. Sie können den „Schatz" in kleine selbst gefaltete Schachteln füllen und dann verstecken. Achten Sie darauf, dass der Schatz nicht auf Anhieb sichtbar ist und die Kinder eine Weile suchen müssen. Vielleicht können die Schachteln ja auch mit Materialien wie Steinen oder Erde etwas verdeckt werden. Dies erhöht die Spannung. Als letzten und größten Schatz können Sie im Sandkasten in einer Truhe einen Osterhasen für jedes Kind unter einem Sandberg vergraben. Sie können den Sandberg mit einem kleinen Fähnchen schmücken, so wissen die Kinder, wo sie graben sollen. Auf der Schatzkarte, die das Außengelände darstellt, markieren Sie die Verstecke, beispielsweise bei der Rutsche, an der Schaukel, an einem Baum oder am Gartentor. Halten Sie Körbe oder andere Behältnisse zum Einsammeln der Schätze bereit.

Los geht's:

Erzählen Sie den Kindern, dass Sie eine Schatzkarte im Briefkasten der Kita gefunden haben, und betrachten Sie diese gemeinsam. Was können die Kinder erkennen? Sehen sie die markierten Stationen? Die Kinder müssen nun versuchen, sich an die Stellen, wo der Schatz liegt, zu erinnern. Nun kann es losgehen! Die Kinder schwärmen gemeinsam aus. Finden sie alle Schätze?
Achten Sie darauf, dass die Beute später auch gerecht verteilt wird.

Unsere Schatzsuche war erfolgreich!

Mit Bewegung durch die

Sommerzeit

Summen, brummen, Blumenwiese

Bewegungsgeschichte: Die kleine Biene sammelt Honig (1/2)

Alter: ab 3 Jahren

Gruppengröße: max. 25 Kinder

Ort: Bewegungsraum

Dauer: ca. 50 Minuten

Material: mehrere Reifen – 1–2 Langbänke

Vorbereitung:

Legen Sie die Reifen auf dem Boden aus und stellen Sie genug Langbänke bereit, sodass alle Kinder einen Platz finden.

Los geht's:

Gehen Sie mit den Kindern in den Bewegungsraum und erzählen Sie die folgende Geschichte, bei der alle Kinder die Bewegungen entsprechend mit Ihnen mitmachen:

Heute ist ein besonderer Tag für die kleinen Bienen. Sie dürfen zum ersten Mal ausfliegen, um Blütenpollen für den Honig zu sammeln. Endlich geht es los. Doch jetzt müssen sich alle kleinen Bienen erst mal versammeln und einander begrüßen.	*Die Kinder dürfen sich gegenseitig begrüßen, indem sie ganz nah zueinander gehen und sich gegenseitig mit einem Flügelschlag berühren. Dazu Oberarme an den Seiten nah am Körper anwinkeln, die Unterarme wie kleine Flügel nach außen strecken. Zum Begrüßen können sich die Kinder nun mit den Flügelspitzen, also den Händen, berühren.*
Wir bilden jetzt einen Schwarm und dann fliegen wir los!	*Die Kinder dürfen zu zweit nebeneinander und hintereinander wie die Bienen fliegen. Dazu machen sie mit den Armen schnelle und kleine Bewegungen rauf und runter.*
Unterwegs treffen wir die Ameisenarmee, die eifrig kleine Ästchen zu ihrem Bau trägt. Wir begleiten sie ein Stück. Dann geht es aber schon weiter.	*Alle dürfen hintereinander im Gleichschritt marschieren. Die Kinder „fliegen" dann weiter.*
Jetzt sind wir auf der Blumenwiese angekommen. Jeder sucht sich eine Blüte aus und sammelt Blütenpollen.	*Die Kinder setzen sich in einen Reifen.*
Aber da sind noch so viele Blumen! Wir fliegen von Blüte zu Blüte, um weitere Pollen zu sammeln.	*Die Kinder fliegen zu einer anderen „Blume" und setzen sich. Der Vorgang wird mehrmals wiederholt.*

Summen, brummen, Blumenwiese

Bewegungsgeschichte: Die kleine Biene sammelt Honig (2/2)

Vom vielen Blütenpollensammeln sind wir ganz müde geworden. Wir machen eine kleine Pause und setzen uns dabei auf einen Ast.	*Die Kinder setzen sich nebeneinander auf eine Langbank und ruhen sich einen Moment aus.*
Genug ausgeruht! Jetzt machen wir uns mit den gesammelten Blütenpollen auf den Rückweg zu unseren Waben.	*Mehrere Runden im Kreis „fliegen"*
Unterwegs treffen wir noch unsere Freunde, die Grashüpfer, und halten ein kleines Schwätzchen.	*Die Kinder dürfen mehrmals aus der Hocke hochspringen.*
Ups, es ist schon dunkel geworden. Wir bilden wieder einen Schwarm, damit keine Biene verloren geht, und fliegen schnell nach Hause.	*Gleiche Schwarmbildung wie zu Beginn*
Im Bienenstock angekommen, belohnen wir uns erst mal, indem wir leckeren klebrigen Honig naschen.	*Die Kinder dürfen einen Kreis bilden und sich hinhocken. Mit den Händen dürfen sie das Naschen des Honigs nachspielen.*

Hier fliegen die fleißigen Bienchen!

Summen, brummen, Blumenwiese

Bewegungslandschaft: Spinnennetze auf der Blumenwiese

Alter: ab 3 Jahren

Gruppengröße: max. 25 Kinder

Ort: Bewegungsraum

Dauer: ca. 50 Minuten

Material: Malerkrepp – mehrere Stühle – 3–4 Packungen Wäschegummiband

Vorbereitung:

Kleben Sie mit Malerkrepp ein Spinnennetz auf den Boden.

Los geht's:

1. Station: Balancieren auf dem Spinnennetz
Die Kinder dürfen nacheinander auf dem Spinnennetz balancieren und müssen versuchen, nicht neben die Klebestreifen zu treten. Es können auch mehrere Kinder auf dem Spinnennetz balancieren. Sie müssen sich gegenseitig ausweichen, ohne dass sie einander vom Spinnennetz schubsen.

2. Station: Spinnennetz mit Wäschegummibändern
Aus Stühlen wird ein Kreis gestellt. Mit Wäschegummibändern wird ein Spinnennetz um die Stühle gespannt. Die Kinder dürfen im Spinnennetz umhersteigen, ohne auf die Gummibänder zu treten.

Summen, brummen, Blumenwiese

Bewegungsangebot: Fleißige Bienen

Alter: ab 3 Jahren

Gruppengröße: max. 12 Kinder (gerade Anzahl)

Ort: Bewegungsraum

Dauer: ca. 20 Minuten

Material: kein Material erforderlich

Vorbereitung:

Es ist keine Vorbereitung erforderlich.

Los geht's:

Die Kinder dürfen sich paarweise zusammenstellen. Sie spielen die Bienenkönigin und rufen verschiedenen Kommandos, die die kleinen Bienen durchführen müssen.

Das kann beispielsweise sein:

- Die Honigbienen klopfen sich den Blütenstaub von den Flügeln.
- Die Honigbienen drehen sich im Kreis und zeigen so, dass sie in den Bienenstock eingelassen werden möchten.
- Die Honigbienen fliegen in den Bienenstock (zwei Kinder stellen den Eingang dar, zwei andere gehen hindurch).
- Die Bienen im Bienenstock (Wächterbienen) begrüßen die heimkehrenden Honigbienen und geben ihnen die Hand.
- Alle Bienen tanzen gemeinsam und freuen sich über den vielen Honig. (Dazu reichen sich alle Kinder die Hände und gehen zwei Runden links- und zwei Runden rechtsherum im Kreis.)

Ruft die Bienenkönigin den Befehl „Fleißige Bienen, wechselt euren Partner!“, lösen sich die Paare und es dürfen sich neue Paare bilden.

Eine „Honigbiene“ geht durch den Eingang des Bienenstocks.

Summen, brummen, Blumenwiese

Spiel im Kreis: Wespennest

Alter: ab 3 Jahren

Gruppengröße: max. 12 Kinder

Ort: Gruppenraum

Dauer: ca. 20 Minuten

Material: kein Material erforderlich

Vorbereitung:

Es ist keine Vorbereitung erforderlich.

Los geht's:

Alle Kinder setzen sich in den Kreis. Sie übernehmen die Rolle des Spielleiters und bestimmen eine „Wespe", die den Kreis verlässt – sie hat sich verflogen und sucht ihr Wespennest. Das Kind geht vor die Tür und wartet dort, während Sie ein anderes Kind bestimmen, das das (persönliche) Wespennest der kleinen Wespe draußen spielen darf.
Holen Sie jetzt das Kind herein. Jetzt muss die kleine Wespe ihr eigenes Nest finden. Dazu darf sie nacheinander die Kinder an den Händen berühren, um herauszufinden, ob das Kind ihr Nest ist. Ist es das falsche Nest, pikst die Wespe sie leicht mit ihrem Finger als Stachel in den Arm und die kleine Wespe muss weitersuchen. Findet sie ihr Zuhause, dürfen sich die beiden Kinder umarmen. Das Kind, das das Wespennest gespielt hat, darf jetzt vor die Tür gehen und das Spiel beginnt erneut.

Summen, brummen, Blumenwiese

Tanz: Summ, summ, summ

Alter: ab 3 Jahren

Gruppengröße: max. 12 Kinder

Ort: Bewegungsraum

Dauer: ca. 20 Minuten

Material: kein Material erforderlich

Vorbereitung:

Es ist keine Vorbereitung erforderlich.

Los geht's:

Alle Kinder stehen im Kreis und machen beim Singen die Bewegungen mit.

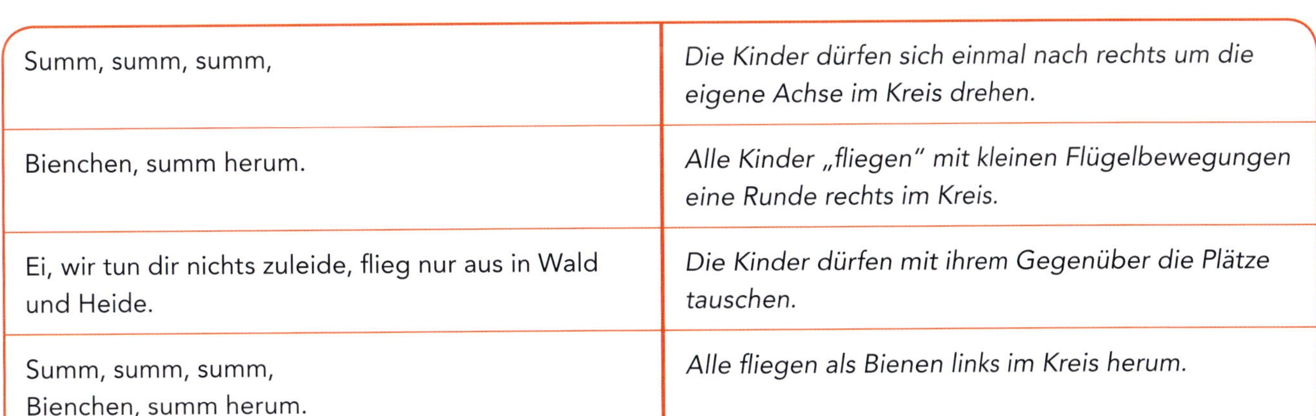

Summ, summ, summ,	*Die Kinder dürfen sich einmal nach rechts um die eigene Achse im Kreis drehen.*
Bienchen, summ herum.	*Alle Kinder „fliegen" mit kleinen Flügelbewegungen eine Runde rechts im Kreis.*
Ei, wir tun dir nichts zuleide, flieg nur aus in Wald und Heide.	*Die Kinder dürfen mit ihrem Gegenüber die Plätze tauschen.*
Summ, summ, summ, Bienchen, summ herum.	*Alle fliegen als Bienen links im Kreis herum.*

Summen, brummen, Blumenwiese

Bewegung im Freien: Wahrnehmungsspaziergang auf der Wiese

Alter: ab 3 Jahren

Gruppengröße: max. 12 Kinder

Ort: Blumenwiese oder Park

Dauer: ca. 20 Minuten

Material: evtl. Farbstifte – evtl. großes Plakat zum Bemalen

Vorbereitung:

Wählen Sie im Vorfeld eine geeignete Blumenwiese oder eine Fläche in einem Park aus.

Los geht's:

Besprechen Sie mit den Kindern den Ablauf und die Regeln des Wahrnehmungsspaziergangs. Als Regeln gelten, dass die Kinder sich während des gesamten Spaziergangs leise verhalten sollen und keine Blumen, Gräser oder sonstige Pflanzen ausreißen und nicht auf Tiere, wie Ameisen oder Spinnen, treten dürfen.
Die Kinder dürfen den Spaziergang bewusst mit allen Sinnen wahrnehmen. Welche Blumen sehen sie und welche Farben haben diese, wie riechen die Blumen? Sehen sie Tiere auf der Wiese: Schmetterlinge, Bienen, Hummeln, Wespen, Käfer? Machen die Tiere Geräusche?

Nach dem Spaziergang dürfen die Kinder ihre verschiedenen Eindrücke von der Blumenwiese schildern. Besonders schön ist es, wenn Sie die Kinder ihre Eindrücke auf ein gemeinsames Plakat zeichnen lassen.

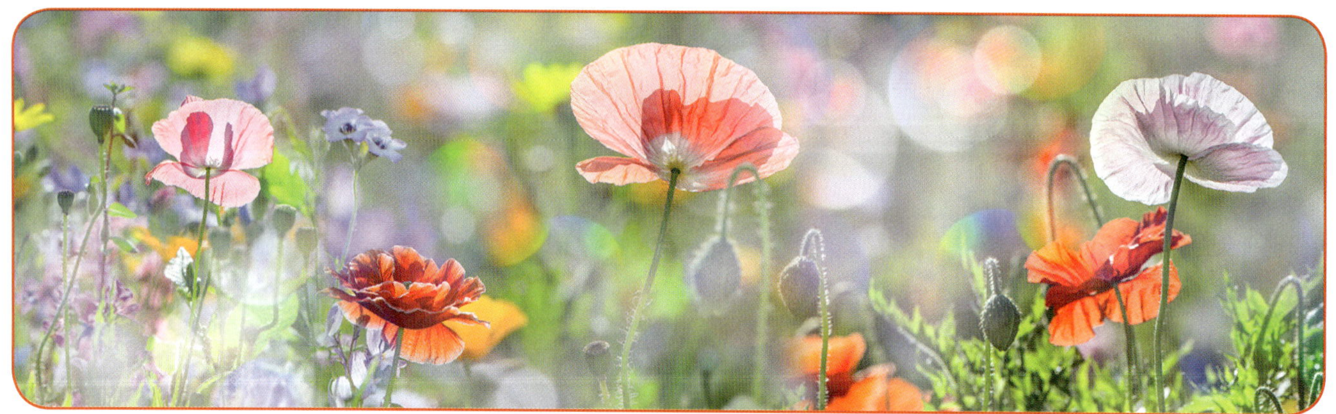

Plitsch, Platsch, Wasserspaß

Bewegungsgeschichte: Urlaub am Strand (1/2)

Alter: ab 3 Jahren

Gruppengröße: max. 12 Kinder

Ort: Bewegungsraum

Dauer: ca. 25 Minuten

Material: Sprossenleiter – Langbank – Matten – Muscheln – 1 Eimer

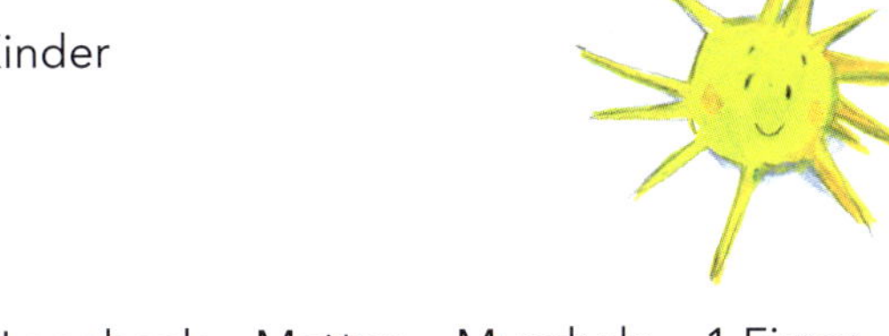

Vorbereitung:

Hängen Sie die Langbank an der Sprossenleiter ein und legen Sie Matten zur Sicherung darunter. Verteilen Sie Muscheln im Raum und stellen Sie den Eimer bereit.

Los geht's:

Stellen Sie sich mit den Kindern in einen Kreis und erzählen Sie die folgende Geschichte, bei der die Kinder alle Bewegungen nachmachen:

Dieses Jahr fahren wir mit unseren Eltern ans Meer. Dafür müssen wir ein paar Stunden in einem großen Flugzeug fliegen.	*Die Kinder dürfen die Arme ausbreiten und im Raum hin- und herlaufen. Vorsicht, nicht auf die Muscheln treten.*
Endlich gelandet. Puh, ist es hier heiß.	*Mit den Händen „Schweiß" von der Stirn wischen.*
Wir genießen unseren Urlaub, springen in den Pool des Hotels und schwimmen dort mehrere Runden.	*Die Kinder dürfen in die Höhe springen und im Gehen mit den Armen Schwimmbewegungen machen.*
Mehrmals rutschen wir auch auf der großen Wasserrutsche.	*Die Sprossenleiter hochklettern und auf der eingehängten Langbank herunterrutschen*
Papa hat uns eine Taucherbrille geschenkt. Die probieren wir gleich im Schwimmbad aus.	*Die Kinder spielen das Aufsetzen der Taucherbrille nach, legen sich hin und machen auf dem Bauch mit dem Kopf nach unten Schwimmbewegungen.*
Wir machen einen Spaziergang am Strand und sammeln dabei Muscheln.	*Die Kinder dürfen im Raum umhergehen und Muscheln suchen. Die gesammelten Muscheln werden in den Eimer gegeben.*
Da es sehr heiß ist, dürfen wir nicht vergessen, uns mit Sonnencreme einzucremen.	*Die Kinder dürfen das Eincremen von Gesicht, Armen und Beinen spielen.*

Plitsch, Platsch, Wasserspaß

Bewegungsgeschichte: Urlaub am Strand (2/2)

Toll ist auch der Ausflug mit dem Ruderboot. Wir rudern so lang, bis die Arme müde werden.	*Alle dürfen mit den Armen Ruderbewegungen machen.*
Das Meer ist schön warm und wir springen in die Wellen.	*Die Kinder hüpfen hoch.*
Jetzt sind wir müde, legen uns in den Sand und ruhen uns aus.	*Alle legen sich hin und atmen tief ein und aus.*
Schade, dass der Urlaub so schnell wieder vorbei ist. Wir winken dem Meer und steigen in das Flugzeug, das uns nach Hause bringt.	*Die Kinder dürfen wieder Flugbewegungen machen.*
Das war ein schöner Urlaub!	

Jetzt geht's auf die Wasserrutsche!

Plitsch, Platsch, Wasserspaß

Bewegungslandschaft: Im Schwimmbad

Alter: ab 3 Jahren

Gruppengröße: max. 12 Kinder

Ort: Bewegungsraum

Dauer: ca. 25 Minuten

Material: Kasten – Weichbodenmatte oder mehrere Turnmatten – großer Karton – mehrere blaue Tücher – 3 Plastikringe – Schwungtuch oder Bettlaken – 2 Handtücher

Vorbereitung:

Bauen Sie die einzelnen Stationen auf. Stellen Sie einen Kasten und eine Matte bereit, legen Sie die blauen Tücher und die Plastikringe in einen Karton. Legen Sie ein Schwungtuch oder Bettlaken aus und Matten zur Sicherheit darunter. Als letzte Station die Handtücher.

Los geht's:

Alle Kinder gehen immer gemeinsam von Station zu Station.

1. Station: Sprungturm
Die Kinder dürfen auf einen Kasten klettern und auf eine Matte herunterspringen.

2. Station: Schwimmen
Dazu legen sich alle auf den Bauch und machen Schwimmbewegungen.

3. Station: Tauchen
Die Kinder dürfen nacheinander im Karton nach den Plastikringen und Tüchern „tauchen". Dazu dürfen sie mit geschlossenen Augen danach greifen. Legen Sie das Material wieder zurück, dann ist das nächste Kind dran.

4. Station: Wellenbad
Ein Kind legt sich auf ein Bettlaken oder ein Schwungtuch und lässt sich von den anderen Kindern durch die Wellen tragen. Alle Kinder verteilen sich dazu rundherum, heben das Tuch vorsichtig an und schaukeln es hin und her.

5. Station: Wassergymnastik
Die Kinder ziehen im Stehen abwechselnd das linke und das rechte Knie nach oben.

6. Station: Ausruhen
Auf den Handtüchern können sich die Kinder, die müde vom Turnen sind, kurz ausruhen.

Plitsch, Platsch, Wasserspaß

Bewegungsangebot: Hilfe, der Hai kommt

Alter: ab 3 Jahren

Gruppengröße: max. 12 Kinder

Ort: Bewegungsraum

Dauer: ca. 20 Minuten

Material: 6 Reifen – CD-Player – Musik

Vorbereitung:

Legen Sie die Reifen im Raum aus.

Los geht's:

Teilen Sie die Kinder in zwei gleich große Gruppen auf. In der einen Gruppe sind die Muscheln, die anderen Kinder sind die Fische. Den Hai sollten Sie zu Beginn des Spieles spielen. Später dürfen auch Kinder, die möchten, der Hai sein.
Die Muscheln suchen sich einen festen Platz im Raum, indem sie sich in einen Reifen setzen.
Zu ruhiger Musik „schwimmen" die Fische umher. Der Hai befindet sich in der Zeit etwas außerhalb und bewegt sich nicht. Sobald Sie das Kommando rufen: „Der Hai kommt!", rennen Sie los und versuchen, die Kinder zu schnappen.
Die Fische schwimmen alle so schnell wie möglich weg und setzen sich zu einem Muschel-Kind in einen Reifen. Dort sind sie in Sicherheit. Das Kind, das als erstes gefangen wird, darf der neue Hai sein.

Das Spiel kann beliebig lang gespielt werden. Tauschen Sie dabei auch die Rollen, sodass jedes Kind einmal Muschel, Fisch und Hai spielen kann.

Plitsch, Platsch, Wasserspaß

Spiel im Kreis: Auf hoher See unterwegs

Alter: ab 3 Jahren

Gruppengröße: max. 12 Kinder

Ort: Gruppenraum

Dauer: ca. 5 Minuten

Material: kein Material erforderlich

Vorbereitung:

Es ist keine Vorbereitung erforderlich.

Los geht's:

Alle Kinder sitzen im Stuhlkreis und haken sich an den Ellenbogen unter.
Sie machen die Bewegungen aus der Geschichte nach.

Heute machen wir einen Ausflug mit dem Schiff. Langsam und ruhig bewegt sich das Schiff auf der See.	*Die Kinder schaukeln ruhig zuerst nach links und dann nach rechts.*
Oh, jetzt kommt Wind auf und das Schiff schaukelt etwas.	*Stärkere Schaukelbewegungen machen*
Es ist hoher Seegang.	*Alle dürfen eingehakt vom Stuhl aufstehen und sich gleich wieder hinsetzen*
Der Wind wird immer stärker und unser Schiff schaukelt stark hin und her.	*Mehrmals stark hin- und herschwanken*
Glück gehabt, der Wind hört langsam auf. Jetzt ist die See wieder ruhig und unser Schiff schaukelt gemütlich über das Wasser.	*Leichte Schaukelbewegungen machen*
Wir sind wieder an Land angekommen. Unsere Schifffahrt ist zu Ende. War das ein Erlebnis!	*Stillstehen*

Plitsch, Platsch, Wasserspaß

Tanz: Bändertanz mit blauen Bändern

Alter: ab 3 Jahren

Gruppengröße: max. 12 Kinder

Ort: Bewegungsraum

Dauer: ca. 10 Minuten

Material: für jedes Kind 1 blaues Rhythmikband (alternativ blaue Seidentücher), CD-Player – Musikstück „Die Moldau" von Bedřich Smetana

Vorbereitung:

Es ist keine Vorbereitung erforderlich.

Los geht's:

Lassen Sie die Kinder sich zuerst zur Melodie der „Moldau" frei im Raum mit den Bändern bewegen und experimentieren. Um den folgenden Bändertanz zu erlernen, unterstützen Sie die Kinder, indem Sie ihnen die einzelnen Bewegungen ansagen und dabei vormachen.

1. Schritt: Alle Kinder stehen mit Abstand zueinander im Kreis und halten ihr Rhythmikband in einer Hand vor sich.

2. Schritt: Jedes Kind darf sein Band am Boden wie eine Welle bewegen und dabei drei Schritte in die Mitte gehen und im Anschluss wieder zurück.

3. Schritt: Alle Kinder machen eine Vierteldrehung, gehen langsam vorwärts und schwenken dabei das Band am Boden von links nach rechts wie ein fließender Fluss.

4. Schritt: Die Kinder machen eine Drehung in die andere Richtung und machen die gleichen Bewegungen erneut.

5. Schritt: Jetzt wird ein Wasserstrudel gespielt, indem sich jedes Kind zuerst rechtsherum und dann linksherum um sich selbst dreht und dabei das Band von oben nach unten bewegt.

Die einzelnen Bewegungen werden mehrmals hintereinander wiederholt. Wer hat noch weitere Ideen für den Bändertanz? Binden Sie die Ideen der Kinder in den Tanz mit ein.

Plitsch, Platsch, Wasserspaß

Bewegung im Freien: Wasserspiele

Alter: ab 3 Jahren

Gruppengröße: max. 12 Kinder

Ort: Außengelände oder Park

Dauer: ca. 20 Minuten

Material: große Wanne mit Wasser – wassertaugliche und verletzungssichere Gegenstände – für jedes Kind 1 kleines Handtuch zum Abtrocknen der Füße – für jedes Kind 1 Tuch zum Verbinden der Augen

Vorbereitung:

Füllen Sie die große Wanne mit Wasser und geben Sie die verschiedenen Gegenstände dazu.

Los geht's:

Mit verbundenen Augen angeln
Verbinden Sie einem Kind die Augen. Es soll mit den Händen einen bestimmen Gegenstand aus dem Wasser fischen. Ob ihm das gelingt? Legen Sie vorher gemeinsam einen Zeitraum fest, wie lang das Kind angeln darf.

Variante 1: Mit den Füßen angeln
Nacheinander dürfen die Kinder versuchen, barfuß mit den Füßen aus einer Wanne mit Wasser verschiedene Gegenstände zu angeln. Wer ist am geschicktesten und angelt die meisten Gegenstände?

Variante 2: Blind mit den Füßen angeln
Die schwierigste Steigerung des Angelspieles: Mit verbundenen Augen dürfen die Kinder versuchen, mit den Füßen etwas zu angeln. Wer schafft es, einen Gegenstand zu angeln?

Was wohl in der Wanne schwimmt?

Heiß, Schweiß, Eis

Bewegungsgeschichte: **Radtour** (1/2)

Alter: ab 3 Jahren

Gruppengröße: max. 12 Kinder

Ort: Bewegungsraum

Dauer: ca. 20 Minuten

Material: 2 Langbänke – Matten zum Absichern

Vorbereitung:

Bauen Sie aus zwei umgedrehten Langbänken eine Wippe und sichern Sie sie mit Matten ab.

Los geht's:

Alle Kinder setzen sich in einen Kreis auf den Boden und machen die Bewegungen mit, während Sie die Geschichte erzählen:

Heute ist ein wunderschöner heißer Sommertag. Familie Weber möchte eine Radtour machen. Zu Familie Weber gehören Mama und Papa Weber und die beiden Kinder Emily und Anna.	
„Cremt euch gut mit Sonnencreme ein, damit ihr keinen Sonnenbrand bekommt", sagt Mama Weber.	*Alle Kinder dürfen das Eincremen am ganzen Körper nachspielen.*
Jetzt geht es los. Zuerst fahren sie ganz gemütlich.	*Mit den Füßen in der Luft Radfahrbewegungen nachspielen.*
Alle fahren auf dem Radweg und müssen dreimal an roten Ampeln halten.	*Kurz die Bewegungen stoppen*
Und dann machen sie ein kleines Wettrennen und fahren so schnell sie können.	*Die Kinder dürfen ganz schnelle Fahrbewegungen machen.*
Papa hat das Wettrennen gewonnen. Puh, ist das anstrengend. „Jetzt machen wir alle Pause", ruft Mama Weber.	*Alle Kinder legen sich auf den Rücken und dürfen tief ein- und ausatmen.*
Weiter geht's: Jetzt geht es ziemlich steil bergauf und sie kommen nur langsam voran.	*Ganz langsam treten und laut schnaufen*

Heiß, Schweiß, Eis

Bewegungsgeschichte: Radtour (2/2)

Geschafft, sie sausen den Berg hinunter. Hurra, auf dem Weg ist ein Spielplatz. Anna und Emily setzen sich gleich auf die Wippe und wippen mehrmals auf und ab.	*Die Kinder sollen das Wippen nacheinander und mit Hilfestellung ausprobieren.*
Schnell vergeht der Tag und es ist schon wieder Zeit für den Heimweg. Wir radeln gemütlich nach Hause. Diesmal nehmen wir eine Abkürzung.	*Alle setzen sich wieder in einen Kreis und machen Radfahrbewegungen.*
Aber oh weh. Es liegen ganz viele Äste am Boden. Wir müssen absteigen und unsere Fahrräder darüberheben.	*Die Kinder stehen auf und dürfen das Heben eines Fahrrades mehrmals nachspielen.*
Das war ganz schön anstrengend! Unsere Arme tun uns etwas weh vom Heben.	*Die Kinder dürfen ihre Arme ausschütteln.*
Eine schöne Radtour war das! Unsere Fahrräder sind ganz schmutzig geworden. Schnell spritzen wir sie mit dem Gartenschlauch ab, bis sie wieder sauber sind.	*Kinder dürfen das Spritzen mit dem Gartenschlauch spielen.*

Heiß, Schweiß, Eis

Bewegungslandschaft: Barfußparcours

Alter: ab 3 Jahren

Gruppengröße: max. 12 Kinder

Ort: Bewegungsraum oder Außengelände

Dauer: ca. 20 Minuten

Material: mehrere Deckel von Schuhkartons – verschiedene Materialien (beispielsweise Handtuch, Stroh, kleine Kieselsteine, Fußabstreifer, Teppichfliesen, Watte, Zeitungspapier)

Vorbereitung:

Befüllen Sie die einzelnen Kartons mit den Materialien und stellen Sie diese hintereinander zusammen. Da es sehr heiß ist, turnen die Kinder heute barfuß und lassen ihre Füße verschiedene Materialien spüren.

Los geht's:

Lassen Sie die Kinder die einzelnen Materialien zuerst mit der Hand berühren. So wissen sie, wie sich die Materialien anfühlen. Nacheinander dürfen alle Kinder barfuß den Parcours erleben – das ist viel intensiver als nur mit der Hand. Sprechen Sie mit den Kindern im Anschluss darüber, welche Materialien sie als angenehm empfunden haben und welche als weniger angenehm.

Tipp:
Akzeptieren Sie, wenn Kinder den Parcours nicht oder nur teilweise barfuß gehen möchten.

Variante:
Wer möchte, darf sich im Anschluss die Augen verbinden lassen und den Parcours blind erleben. Können die Kinder die einzelnen Materialien herausfinden?

Der Sand ist schön warm.

Heiß, Schweiß, Eis

Bewegungsangebot: Die Tiere suchen Schatten

Alter: ab 3 Jahren

Gruppengröße: max. 12 Kinder

Ort: Bewegungsraum

Dauer: ca. 20 Minuten

Material: mehrere große Kartons – Turnmatte (nach Möglichkeit blau) – Langbank – braunes Tuch

Vorbereitung:

Bereiten Sie in folgender Reihenfolge die Stationen vor: Kartons, Matte, Langbank, Tuch.

Los geht's:

Erzählen Sie die Geschichte, während die Kinder alle Bewegungen mitmachen.

Es ist ein heißer Sommertag. Auch den Tieren ist es heiß, sie bewegen sich nur langsam und suchen Schatten. Die Regenwürmer kriechen umher und werden immer langsamer und kriechen unter die Erde.	*Die Kinder dürfen in mehrere größere Kartons kriechen.*
Die Frösche hüpfen an Land herum und hüpfen gleich wieder zurück ins Wasser, um sich abzukühlen.	*Alle hüpfen auf eine Matte.*
Die Vögel fliegen herum, suchen sich einen Strommast zum Ausruhen und setzen sich alle nebeneinander.	*Die Kinder „fliegen" wie die Vögel und setzen sich dann auf der Langbank nebeneinander hin.*
Die Pferde galoppieren auf der Weide und legen sich dann in den Schatten, um sich auszuruhen.	*Alle Kinder galoppieren zum braunen Tuch und legen sich hin.*
Den Spinnen ist es viel zu heiß zum Bewegen. Sie bewegen sich nur etwas und bleiben dann einfach am Boden sitzen.	*Kinder dürfen sich als Spinne ein paar Schritte auf allen vieren fortbewegen und dann auf den Boden setzen.*
Nur die Schmetterlinge genießen die Hitze und flattern munter hin und her.	*Alle gehen mit ausgestreckten Armen, die sie nach oben und unten bewegen, im Raum herum.*

Heiß, Schweiß, Eis

Spiel im Kreis: Heute gibt es Eis!

Alter: ab 3 Jahren

Gruppengröße: max. 25 Kinder

Ort: Gruppenraum

Dauer: ca. 20 Minuten

Material: kein Material erforderlich

Vorbereitung:

Es ist keine Vorbereitung erforderlich.

Los geht's:

Die Kinder setzen sich in einen Stuhlkreis. Jedes Kind darf sich für eine Eissorte entscheiden. Zur Auswahl stehen: Vanille, Erdbeere und Schokolade. Es werden verschiedene Kommandos vereinbart, die die Kinder ausführen, sobald ihre Eissorte in der Geschichte vorkommt:

- **Vanilleeis:** auf den Stuhl steigen, um die Vanilleschoten zu pflücken
- **Erdbeereis:** in die Hocke gehen, um die Erdbeeren zu pflücken
- **Schokoladeneis:** auf den Stuhl steigen, die Arme nach oben strecken und Pflückbewegungen machen, um Kakaoschoten zu pflücken

Die Geschichte:
Es ist ein heißer Tag heute. Der Eiswagen ist auf den Spielplatz gekommen. Die Kinder freuen sich sehr und es gibt eine lange Schlange, denn alle Kinder wollen ein Eis. Peter ist der Erste und möchte eine Kugel **Erdbeereis**.
Jana mag lieber **Vanilleeis**. Eine Frau mit einem Baby kauft sich **Schokoladeneis**.
Die Zwillinge Mia und Lena mögen auch **Schokoladeneis**.
Tim entscheidet sich für **Erdbeereis** und Mara für **Vanilleeis**.
Jetzt haben alle Kinder ihr Eis. Das schmeckt lecker!

 **Tipp:**
Machen Sie Pausen, wenn Sie eine Eissorte vorlesen, damit die Kinder ausreichend Zeit haben, zu reagieren und die Bewegung durchzuführen.

Variante:
Natürlich können Sie auch weitere Eissorten und Bewegungen hinzufügen. Die Kinder haben hier sicher viele passende Ideen.

Heiß, Schweiß, Eis

Tanz: Trarira, der Sommer, der ist da

Alter: ab 3 Jahren

Gruppengröße: max. 12 Kinder

Ort: Bewegungsraum

Dauer: ca. 20 Minuten

Material: großes gelbes Tuch, das die Sonne symbolisiert

Vorbereitung:

Es ist keine Vorbereitung erforderlich.

Los geht's:

Alle Kinder stehen im Kreis und fassen das Tuch mit den Händen. Da der Tanz nur auf die erste Strophe getanzt wird, sollte er mehrmals wiederholt werden.

Trarira, der Sommer, der ist da!	*Alle Kinder machen Seitwärtsschritte nach rechts.*
Wir wollen in den Garten und woll'n des Sommers warten.	*Alle Kinder machen Seitwärtsschritte nach links.*
Ja, ja, ja,	*Alle gehen zwei Schritte in die Mitte.*
der Sommer, der ist da!	*Alle gehen wieder zwei Schritte zurück.*

Heiß, Schweiß, Eis

Bewegung im Freien: Fahrzeuge in Aktion!

Alter: ab 3 Jahren

Gruppengröße: max. 12 Kinder

Ort: geteerte ebene Fläche

Dauer: ca. 1. Stunde

Material: mehrere Pylonen – Fahrzeuge, je mind. 2 (z. B. Traktor, Roller, Laufrad, Fahrrad) – Stoppuhr – für jedes Kind 1 Tuch zum Augenverbinden – Staffelstab o. Ä. – 1 Helm für jedes Kind

Vorbereitung:

Bauen Sie einen Slalomparcours mit Pylonen auf, den die Kinder mit verschiedenen Fahrzeugen bewältigen können.

Los geht's:

Jedes Kind nimmt sich ein Fahrzeug und probiert es zunächst aus. Dann fahren die Kinder einmal den Parcours zur Probe. Jetzt werden Fahrzeug-Gruppen gebildet (z. B. zwei Fahrräder, drei Roller …). Und los geht es mit dem Wettfahren innerhalb der Gruppe. Hier geht es nicht auf Zeit, sondern die Frage ist: Bei wem bleiben alle Pylonen stehen? Nun können die Kinder die Fahrzeuge wechseln. Mit welchem Fahrzeug ist es am schwierigsten, den Parcours zu durchlaufen?

Wichtig:
Jedes Kind sollte seinen eigenen Helm während der Fahrt tragen!

Variante 1: Wettrennen
Kinder messen sich gern. Deshalb können Sie ein Wettrennen veranstalten und bei jedem Kind die Zeit stoppen. Wer schafft es, den Parcours am schnellsten zu laufen?

Variante 2. Staffelrennen
Bauen Sie nebeneinander mit den Pylonen zwei identische Parcours auf. Jetzt dürfen zwei Mannschaften im Staffelrennen gegeneinander antreten. Jedes Kind läuft entweder den Parcours hin und zurück oder die Kinder stellen sich jeweils an beide Enden des Parcours. Welche Mannschaft ist schneller?

Variante 3: Blind den Parcours bewältigen
Die Kinder bilden Paare. Ein Kind bekommt die Augen verbunden. Das andere legt seine Hände auf dessen Schultern und versucht, das „blinde" Kind durch den Parcours zu lenken. Im Anschluss wird gewechselt.

Mit Bewegung durch die

Herbstzeit

Kastanien, Wind und Blättertreiben

Bewegungsgeschichte: Herbstspaziergang im Wald (1/2)

Alter: ab 3 Jahren

Gruppengröße: max. 12 Kinder

Ort: Bewegungsraum

Dauer: ca. 20 Minuten

Material: viele bunte Herbstblätter – kleine Stöckchen und Äste – Langbank – Matten zum Absichern – 2 Decken

Vorbereitung:

Verteilen Sie die Blätter im Bewegungsraum und stellen Sie die Langbank umgedreht als Baumstamm auf und sichern Sie sie mit den Matten. In eine Ecke legen Sie die Decken.

Los geht's:

Erzählen Sie folgende Geschichte, die Kinder machen die entsprechenden Bewegungen dazu nach.

Wir machen heute einen Spaziergang in den Wald.	*Alle gehen gemeinsam mehrere Runden im Kreis.*
Viele Blätter sind schon von den Bäumen gefallen. Wir wirbeln mit den Beinen die Herbstblätter nach oben. Das macht Spaß!	*Die Kinder wirbeln mit den Beinen Blätter auf.*
Auf dem Weg liegen viele Wurzeln und Äste. Wir machen große Schritte darüber.	*Große Schritte über ein imaginäres Hindernis machen*
Auch einen großen Baumstamm sehen wir am Boden liegen. Natürlich müssen wir darüber balancieren.	*Die Kinder dürfen über eine umgedrehte Langbank balancieren.*
Mit unseren Händen greifen wir in die bunten Herbstblätter und werfen sie nach oben.	*Die Kinder werfen die Blätter in die Luft.*
Jetzt fallen noch mehr Blätter vom Baum!	*Die Kinder machen sich zuerst ganz groß und werden dann immer kleiner und kleiner.*
Jetzt machen wir einen großen Laubhaufen. Dazu sammeln wir ganz viele Blätter. Darin können wir jetzt wunderbar herumhüpfen.	*Die Kinder schichten einen Laubhaufen auf. Dann hüpfen sie mit beiden Beinen in den Laubhaufen hinein.*

Kastanien, Wind und Blättertreiben

Bewegungsgeschichte: Herbstspaziergang im Wald (2/2)

Vom vielen Hüpfen sind wir ganz müde geworden. Wir packen eine Decke aus und ruhen uns darauf kurz aus.	*Die Kinder verteilen sich auf zwei Decken.*
Huh, da sind ja ganz viele Ameisen. Wir springen auf und schütteln uns.	*Aufspringen und ausschütteln*
Schnell ist die Zeit vergangen. Wir müssen uns schon wieder auf den Heimweg machen. Wir nehmen noch ein paar Blätter mit.	*Jedes Kind darf ein paar Blätter einsammeln.*
Natürlich balancieren wir auch auf dem Rückweg wieder über den Baumstamm.	*Alle Kinder balancieren über die Langbank.*
In der Luft hören wir ein lautes Geräusch. Was das wohl ist? Ein Flugzeug fliegt hoch oben am Himmel.	*Die Kinder halten nach dem Flugzeug Ausschau.*
Wie schön es wäre, auch mal wie ein Flugzeug fliegen zu können!	*Kinder laufen mit ausgebreiteten Armen durch den Raum.*
Jetzt sind wir auch schon wieder im Kindergarten angelangt. Das war ein schöner Ausflug!	

Kastanien, Wind und Blättertreiben

Bewegungslandschaft: Rund um die Natur

Alter: ab 3 Jahren

Gruppengröße: max. 12 Kinder

Ort: Bewegungsraum

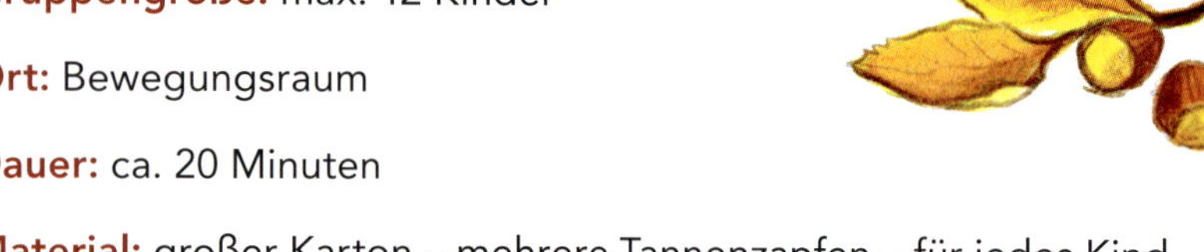

Dauer: ca. 20 Minuten

Material: großer Karton – mehrere Tannenzapfen – für jedes Kind 3 Eicheln – Turnmatte – Planschbecken – viele Kastanien (es können auch kleine Bälle verwendet werden) – Schüssel

Vorbereitung:

Schneiden Sie für den „Tannenzapfenelf" ein Loch in den Karton, das den Mund darstellt. Das Loch muss groß genug sein, dass die Kinder Tannenzapfen hindurchwerfen können. Sie können den Karton natürlich auch noch bemalen. Legen Sie Eicheln für jedes Kind und eine Schüssel bereit und füllen Sie das Planschbecken mit Kastanien oder Bällen.

Los geht's:

1. Station: Tannenzapfenzielen
Die Kinder füttern den Tannenzapfenelf mit Tannenzapfen.
Dazu werfen sie mit ein wenig Abstand Tannenzapfen in seinen Mund.
Jedes Kind hat fünf Versuche. Wird der Elf satt werden?

2. Station: Eicheltransporter
Jedes Kind darf im Vierfüßlerstand nacheinander drei Eicheln balancieren und in eine Schüssel legen. Wenn die Eichel runterfällt, beginnt es von Neuem, bis der ganze Weg geschafft ist.

3. Station: Baumstammrollen
Auf einer Matte legen sich die Kinder mit den Armen nach oben ausgestreckt hin und rollen wie ein Baumstamm mehrmals hin und her.

4. Station: Kastanienbad
Hier dürfen sich die Kinder nacheinander in einem Planschbecken, gefüllt mit Kastanien, ausruhen und dabei die Kastanien befühlen und hin- und herbewegen.

Kastanien, Wind und Blättertreiben

Bewegungsangebot: Wir balancieren Kastanien

Alter: ab 3 Jahren

Gruppengröße: max. 12 Kinder

Ort: Gruppenraum

Dauer: ca. 20 Minuten

Material: viele Kastanien – Langseil

Vorbereitung:

Legen Sie das Langseil im Raum aus.

Los geht's:

Jetzt ist Geschicklichkeit gefragt! Die Kinder sollen die Kastanien balancieren, z. B.

- auf dem Kopf
- auf einem Finger
- zwischen den Knien
- auf dem nach vorn gebeugten Rücken
- auf dem Rücken im Vierfüßlerstand

1. Übung: Eine Kastanie wird auf den Kopf gelegt und die Kinder dürfen versuchen, auf dem Langseil zu balancieren, ohne die Kastanie zu verlieren. Steigern Sie den Schwierigkeitsgrad, indem Sie z. B. einen Kastanien-Parcours aufbauen oder das Seil in Schlangenlinien legen.

2. Übung: Zwei Kinder gehen als Spielerpaar zusammen. Ein Kind legt sich eine Kastanie auf den Kopf und schließt die Augen. Das andere Kind steht hinter ihm, legt die Hände auf seine Schultern und versucht, es durch gezieltes leichtes Drücken mit den Händen durch den Raum zu lotsen.

3. Übung: Alle Kinder dürfen mit nach vorn gebeugtem Rücken versuchen, möglichst viele Kastanien zu balancieren. Wer schafft die meisten?

Tipp:
Überlegen Sie gemeinsam mit den Kindern, welche Übung leicht war, welche schwer. Haben sie durch mehrmaliges Ausprobieren eine Übung geschafft, die sie anfangs nicht konnten?

Wie viele Kastanien ich wohl balancieren kann?

Kastanien, Wind und Blättertreiben

Spiel im Kreis: Familie Müller macht einen Herbstspaziergang

Alter: ab 3 Jahren

Gruppengröße: max. 12 Kinder

Ort: Bewegungsraum

Dauer: ca. 20 Minuten

Material: kein Material erforderlich

Vorbereitung:

Es ist keine Vorbereitung erforderlich.

Los geht's:

Erzählen Sie die folgende Geschichte, die Kinder machen die entsprechenden Bewegungen dazu.

Heute ist ein wunderschöner Herbsttag und Familie Müller möchte einen Spaziergang machen.	
Mama Müller geht am liebsten ganz gemütlich spazieren.	*Die Kinder dürfen im Sitzen langsam mit den Füßen stampfen.*
Papa Müller joggt gern.	*Alle dürfen aufstehen und auf der Stelle laufen.*
Lena Müller lernt gerade Fahrradfahren.	*Die Kinder setzen sich wieder hin und machen mit den Füßen Radfahrbewegungen.*
Jetzt geht es auch schon los: Lena fährt mit dem Rad	*Die Kinder machen weiterhin Radfahrbewegungen.*
und Papa joggt neben ihr.	*Die Kinder stehen auf und joggen.*
Mama spaziert gemütlich hinterher.	*Die Kinder setzen sich hin und stampfen im Sitzen langsam mit den Füßen.*
„Los, wir machen ein Wettrennen!", ruft Lena. Alle laufen um die Wette.	*Schnell im Stehen laufen*
„Erster!", ruft Lena. Papa ist gestolpert und Mama läuft nicht so schnell wie Lena.	*Die Kinder jubeln, indem sie die Arme nach oben recken.*
Gemeinsam sammeln sie jetzt bunte Blätter und Kastanien.	*Mit den Händen an den Boden greifen*
Jetzt ist es aber auch schon wieder Zeit für den Heimweg. Lena fährt mit dem Rad. Papa joggt und Mama geht gemütlich. Das war ein schöner Spaziergang!	*Wieder die bekannten Bewegungen machen: zunächst „Radfahren", dann joggen und anschließend hinsetzen und stampfen.*

Kastanien, Wind und Blättertreiben

Tanz: Blättertanz

Alter: ab 3 Jahren

Gruppengröße: max. 12 Kinder

Ort: Bewegungsraum

Dauer: ca. 20 Minuten

Material: bunte Herbstblätter – Antonio Vivaldis „Vier Jahreszeiten – Herbst", Satz 1

Vorbereitung:

Verteilen Sie die Blätter im gesamten Bewegungsraum.

Los geht's:

Lassen Sie die Kinder zur Musik frei Tanzbewegungen mit den Blättern erproben, z. B.:

- Blätter hochwerfen
- gemeinsam mit Blättern drehen
- selbst ein Blatt spielen und zuerst groß werden und dann immer kleiner
- über Blätter springen
- mit Blättern in den Händen eine Windmühle darstellen (ausgestreckte Arme nach vorn oder hinten kreisen)
- einen Blättersturm erzeugen
- mit den Füßen im Blätterhaufen rascheln
- Blätter in die Luft pusten

Tipp:
Finden Sie gemeinsam mit den Kindern weitere Ideen und probieren Sie diese aus. Natürlich können Sie sich auch zusammen eine Choreografie überlegen und einüben.

Kastanien, Wind und Blättertreiben

Bewegung im Freien: Herbstspirale hüpfen

Alter: ab 3 Jahren

Gruppengröße: max. 12 Kinder

Ort: Außengelände oder Park

Dauer: ca. 20 Minuten

Material: verschiedene Naturmaterialien

Vorbereitung:

Sammeln Sie gemeinsam mit den Kindern bei einem Spaziergang Naturmaterialien, wie bunte Blätter, Eicheln, Kastanien, Tannenzapfen, Hagebutten.

Los geht's:

Aus den Materialien legen Sie gemeinsam eine große Spirale. Nacheinander dürfen alle Kinder auf einem Bein durch die Spirale hüpfen. In der Mitte angekommen, wird das Bein für den Rückweg gewechselt. Kleinere Kinder dürfen selbstverständlich auch auf beiden Beinen hüpfen.

Variante 1: Rückwärtsgehen
Nacheinander dürfen alle Kinder die Spirale rückwärtsgehen.

Variante 2: Als Schlange gehen
Die Kinder fassen sich an den Händen und bilden eine Schlange. Gemeinsam schlängeln sie sich, ohne einander loszulassen, durch die Spirale vor und auch wieder zurück.

Erntezeit: Äpfel, Birnen und Pflaumen

Bewegungsgeschichte: Familie Wirbelwind macht einen Ausflug (1/2)

Alter: ab 3 Jahren

Gruppengröße: max. 12 Kinder

Ort: Bewegungsraum

Dauer: ca. 20 Minuten

Material: Sprossenwand – Matten zum Absichern – mehrere kleine blaue Chiffontücher als Pflaumen – mehrere kleine rote oder grüne Tücher als Äpfel – mehrere kleine gelbe Chiffontücher als Birnen – 1 Eimer – Schwungtuch

Vorbereitung:

Binden Sie die roten oder grünen Chiffontücher an die mit Matten gesicherte Sprossenwand und stellen einen Eimer dazu. Die gelben Chiffontücher und das Schwungtuch mit den blauen Chiffontüchern darin legen Sie auf den Boden.

Los geht's:

Erzählen Sie die folgende Geschichte, die Kinder machen die entsprechenden Bewegungen dazu nach.

Familie Wirbelwind macht heute mit dem Zug einen Ausflug aufs Land, um einem Bauern bei der Obsternte zu helfen.	
Leider ist sie sehr spät dran und muss schnell laufen, um den Zug zu bekommen.	*Alle Kinder dürfen mehrere Runden im Kreis laufen.*
Puh, geschafft, das war knapp. Alle Familienmitglieder können gerade noch einsteigen, als der Zug schon losfährt.	*Alle Kinder fassen sich an die Schultern, bilden eine Schlange und fahren als Zug durch den Raum. Wer möchte, kann dabei Zuggeräusche machen.*
Nach einer Weile hält der Zug und alle hüpfen heraus.	*Jeder darf einmal hochhüpfen.*
Jetzt müssen sie noch etwas zu Fuß gehen. Der Weg zu den Obstbäumen führt über mehrere Feldwege.	*Die Kinder dürfen mehrere Runden gehen.*
Damit der Weg nicht so langweilig wird, überlegen sie, wie sie sich noch bewegen könnten. Sie machen Galoppsprünge, gehen auf den Zehenspitzen, auf der Ferse, laufen, machen ganz große Schritte und sind jetzt endlich auf der Obstwiese.	*Nacheinander werden die verschiedenen Bewegungsformen ausprobiert.*

Erntezeit: Äpfel, Birnen und Pflaumen

Bewegungsgeschichte: Familie Wirbelwind macht einen Ausflug (2/2)

Der Bauer begrüßt sie freundlich und sagt auch gleich, was zu tun ist. Zuerst müssen die Äpfel vom Apfelbaum gepflückt werden.	*Die Kinder dürfen auf die Sprossenwand klettern und rote und grüne Tücher, die die Äpfel symbolisieren, abnehmen und in einen Eimer am Boden legen. Jedes Kind darf zweimal die Sprossenwand auf und ab klettern.*
Das war ganz schön anstrengend. Die Birnen sind schon vom Baum herabgefallen und über den ganzen Boden verstreut. Alle Birnen müssen eingesammelt und in einen Eimer gegeben werden.	*Die Kinder dürfen gelbe Chiffontücher vom Boden aufheben und in einen Eimer geben.*
Die Pflaumen müssen sie kräftig schütteln, damit sie vom Baum herunterfallen.	*Blaue Chiffontücher werden in ein Schwungtuch gelegt und die Kinder versuchen, durch Auf- und Abbewegungen die Tücher herauszuschütteln.*
Jetzt haben sie alle Äpfel, Birnen und Pflaumen gepflückt. Sie gehen mit ihrer Ernte wieder zurück zum Zug. Die Eimer sind schwer und sie können nur ganz langsam gehen.	*Alle gehen eine Runde ganz langsam.*
Der Zug bringt sie schnell wieder nach Hause.	*Die Kinder bilden wieder einen Zug.*

Gleich sind wir auf der Wiese!

Erntezeit: Äpfel, Birnen und Pflaumen

Bewegungslandschaft: Obsternte

Alter: ab 3 Jahren

Gruppengröße: max. 12 Kinder

Ort: Bewegungsraum

Dauer: ca. 30 Minuten

Material: 2 Langbänke – Sprossenwand – Tücher zum Augenverbinden – mehrere Turnmatten – mehrere kleine blaue Tücher als Pflaumen – kleiner Eimer – aus Pappe ausgeschnittene Äpfel, Birnen und Pflaumen – Schüssel – 1 Eimer mit gelben Tennisbällen gefüllt

Knoten Sie die blauen Tücher an die mit Matten abgesicherte Sprossenwand. Stellen Sie einen Eimer dazu. Bereiten Sie eine Schüssel mit Birnen, Äpfeln und Pflaumen aus Pappe vor. Trennen Sie eine Ecke des Raumes mit zwei Langbänken ab und stellen einen Eimer mit Tennisbällen bereit.

Los geht's:

1. Station: Pflaumen pflücken
Nacheinander dürfen die Kinder auf die Sprossenwand klettern, eine „Pflaume" ernten, mit dieser wieder herunterklettern und die Pflaume in einen kleinen Eimer geben.

2. Station: Birnen erkennen
Mit verbundenen Augen greifen zwei bis drei Kinder in die Schüssel mit dem Obst aus Pappe, erfühlen die Birnen und sortieren sie aus. Legen Sie die Birnen zurück, dann ist die nächste Gruppe dran.

3. Station: Schubkarrenfahren
Bei der Obsternte ist ein Schubkarren ganz wichtig. Deshalb dürfen ihn die Kinder nachspielen. Die Kinder gehen paarweise zusammen und sollten ungefähr ähnlich kräftig sein. Ein Kind ist im Vierfüßlerstand, das andere Kind nimmt es an den Beinen und das Kind versucht, mit den Händen vorwärts zu gehen. Im Anschluss wird gewechselt.

4. Station: Obstaufsammeln
Der Wind hat die Äpfel vom Baum geschüttelt. Jetzt müssen Sie wieder eingesammelt werden. Der Eimer voll gelber Tennisbälle, die die Äpfel darstellen, wird ausgeschüttet. Jedes Kind soll den Eimer wieder mit allen Äpfeln beladen. Der Eimer wird nach jedem Kind wieder neu ausgeschüttet.

Erntezeit: Äpfel, Birnen und Pflaumen

Bewegungsangebot: Zwetschgendatschi backen

Alter: ab 3 Jahren

Gruppengröße: max. 12 Kinder

Ort: Bewegungsraum

Dauer: ca. 20 Minuten

Material: mehrere Bierdeckel

Vorbereitung:

Es ist keine Vorbereitung erforderlich.

Los geht's:

Die Kinder teilen sich paarweise auf. Ein Kind legt sich auf den Boden, das andere Kind „backt" den Zwetschgendatschi bzw. den Pflaumenkuchen. Zeigen Sie den Kindern zunächst die einzelnen Schritte.

Zuerst wird der Teig geknetet. Dazu brauchen wir Mehl.	*Dreimal mit den Händen auf den Rücken klopfen, um das Ausschütten von Mehl zu symbolisieren*
Kleine Butterflöckchen,	*Mit den Fingerspitzen mehrmals kurz den Rücken an verschiedenen Stellen berühren*
Zucker,	*Einmal kurz mit den Händen auf den Rücken klopfen*
Backpulver	*Mit den Fingerspitzen ganz schnell auf den Rücken tippen*
und zum Schluss noch etwas Milch hinzugeben und alles kurz verrühren.	*Mit einer Hand kreisförmige Bewegungen auf dem Rücken machen*
Jetzt wird der Teig kräftig durchgeknetet.	*Mit beiden Händen gleichzeitig auf dem Rücken Knetbewegungen machen*
Der Teig wird gleichmäßig ausgerollt	*Rollbewegungen auf und abwärts auf dem Rücken machen*
und mit Zwetschgen belegt.	*Auf den Rücken werden Bierdeckel gelegt.*
Dann wird der Kuchen zum Backen in den Ofen geschoben.	*Hände kurz auf den Rücken legen.*

Wichtig:
Erklären Sie den Kindern, dass sie jederzeit das Recht haben, zu sagen, wenn ihnen Berührungen unangenehm sind.

Erntezeit: Äpfel, Birnen und Pflaumen

Spiel im Kreis: Obstsalat

Alter: ab 3 Jahren

Gruppengröße: max. 12 Kinder

Ort: Gruppenraum

Dauer: ca. 20 Minuten

Material: kein Material erforderlich (für die Variante 2 verschiedene Obstsorten)

Vorbereitung:

Es ist keine Vorbereitung erforderlich.

Los geht's:

Die Kinder werden den verschiedenen Obstsorten zugeteilt.
Nach Möglichkeit sollte die Anzahl der Kinder, die jeweils eine Obstsorte spielen, gleich sein, also z. B. zwei Bananen, vier Äpfel.
Der Spielleiter ruft jeweils zwei Obstsorten auf. Die Kinder, die diese Obstsorten spielen, dürfen dann aufstehen und untereinander die Plätze tauschen. Bei „Obstsalat" dürfen alle Kinder ihre Plätze tauschen.
Die Spieldauer ist beliebig.

Variante 1:
Um das bekannte Spiel zu erweitern, können Sie noch als Variante Obstspieße ausprobieren. Sobald Sie „Obstspieß" rufen, dürfen sich alle Kinder in einer Reihe hintereinander aufstellen. Natürlich können Sie auch nur Spieße aus zwei Obstsorten ausrufen.

Variante 2:
Sie können das Spiel auch mit echtem Obst durchführen.
Jedes Kind bekommt eine Frucht seiner Wahl.
Wenn das Spiel fertig ist, können die Kinder selbst einen Obstsalat oder Obstspieße zubereiten.

Erntezeit: Äpfel, Birnen und Pflaumen

Tanz: In meinem kleinen Apfel

Alter: ab 3 Jahren

Gruppengröße: max. 12 Kinder

Ort: Gruppenraum

Dauer: ca. 20 Minuten

Material: kein Material erforderlich

Vorbereitung:

Es ist keine Vorbereitung erforderlich.

Los geht's:

Die Kinder stellen sich in einen Kreis und machen die folgenden Bewegungen zum Lied.

In meinem kleinen Apfel,	*Mit den Händen einen Apfel formen*
da sieht es lustig aus.	*Sich klein machen*
Es sind darin fünf Stübchen,	*Klatschen und dabei eine Rechtsdrehung machen*
grad' wie in einem Haus.	*Klatschen und eine Linksdrehung machen*

Bei diesem Tanz wird ausschließlich auf die erste Strophe getanzt. Wiederholen Sie die Strophe deshalb mehrmals hintereinander.

Erntezeit: Äpfel, Birnen und Pflaumen

Bewegung im Freien: Im Garten steht ein Apfelbaum

Alter: ab 3 Jahren

Gruppengröße: max. 12 Kinder

Ort: im Freien (am schönsten natürlich neben einem Apfelbaum)

Dauer: ca. 20 Minuten

Material: kein Material erforderlich

Vorbereitung:

Es ist keine Vorbereitung erforderlich.

Los geht's:

Lesen Sie die Zeilen vor oder singen Sie das Lied, die Kinder machen die entsprechenden Bewegungen dazu.

1.	
Ich hol mir eine Leiter und stell sie an den Apfelbaum,	*Mit den Händen das Greifen und Hinstellen der Leiter darstellen*
dann steig ich immer weiter, so hoch, man sieht mich kaum.	*Mit Händen und Füßen Kletterbewegungen machen*
Ich pflücke, ich pflücke, mal über mir, mal unter mir. Ich pflücke, ich pflücke und falle nicht hinab.	*Mit der Hand oberhalb und unterhalb des Körpers „Pflückpantomime" machen*
2.	
Dann steig ich immer weiter und halt mich an den Zweigen fest.	*Mit Händen und Füßen Kletterbewegungen machen*
Dann setz ich mich gemütlich auf einen dicken Ast.	*In die Hocke setzen*
Ich wippe, ich wippe, diwippdiwapp, diwippdiwapp. Ich wippe, ich wippe und falle nicht hinab.	*In der Hocke sitzend wippen*
Knicks, knacks, plumps …	*Aus der Hocke auf den Boden umfallen*

Halloween und Lichterfest

Bewegungsgeschichte: Zwei kleine Gespenster unterwegs (1/2)

Alter: ab 3 Jahren

Gruppengröße: max. 12 Kinder

Ort: Bewegungsraum

Dauer: ca. 20 Minuten

Material: Sprossenwand – Langbank – mehrere Matten zum Absichern

Vorbereitung:

Hängen Sie die Langbank in die Sprossenwand und sichern Sie sie mit Matten.

Los geht's:

Erzählen Sie die Geschichte, die Kinder machen die entsprechenden Bewegungen dazu.

Die kleinen Gespenster Zwick und Zwack sind zwei ganz besonders lebhafte Gespenster.	
Fast die ganze Nacht hüpfen sie umher.	*Die Kinder dürfen verschiedene Hüpfbewegungen machen.*
Sie sind auch sehr neugierig. Sie wollen sich so gern mal am Tag in der Stadt umsehen und nicht immer auf ihrer Burg bleiben.	
Als tagsüber alle andern Gespenster schlafen, schleichen sich Zwick und Zwack leise aus ihren Gespensterbetten.	*Die Kinder dürfen durch den Raum schleichen.*
An der Regenrinne der Burg rutschen sie vorsichtig herunter.	*Jedes Kind darf einmal die in der Sprossenwand eingehängte Langbank herunterrutschen.*
Ist das aber hell! Langsam trippeln die Gespenster den Burgweg hinunter. Sie schirmen mit ihren Händen ihre Augen ab, um sich an das helle Licht zu gewöhnen.	*Die Kinder dürfen mehrere Trippelschritte machen. Sie schirmen ihre Augen mit den Händen ab.*
Aber was ist das für ein lautes Geräusch am Himmel?	
Die zwei kleinen Gespenster erschrecken, als sie ein Flugzeug hören. Sie springen vor Schreck hoch und suchen sich schnell ein Versteck.	*Zuerst dürfen alle Kinder einmal hochspringen und dann schnell in die Ecken als Versteck laufen.*

Halloween und Lichterfest

Bewegungsgeschichte: Zwei kleine Gespenster unterwegs (2/2)

Ein Flugzeug ist zwar laut, aber nicht gefährlich. Die kleinen Gespenster spielen jetzt Flugzeuge nach.	*Mit ausgestreckten Armen als Flugzeug durch den Raum fliegen*
Jetzt haben sich die Gespensteraugen schon an die Helligkeit gewöhnt. Zwick und Zwack laufen übermütig weiter den Feldweg hinunter.	*Die Kinder dürfen mehrere Runden laufen.*
Schon wieder ist ein lautes Geräusch zu hören. Was das wohl ist? Eine Kindergartengruppe ist unterwegs zur Burg.	*Die Kinder schauen sich um.*
Schnell fliegen die Gespenster wieder zurück zur Burg. Sie wollen doch zu Hause sein, wenn Besuch kommt, um diesen ordentlich zu erschrecken.	*Die Kinder fliegen wie Gespenster durch den Raum.*
Sobald die Kindergartengruppe angekommen ist, erschrecken die Gespenster die Kinder mit einem lauten „Hui hui" und fliegen durch die Burg.	*Die Kinder dürfen die Gespenster spielen, laut „Hui hui" kreischen und weiter durch den Raum fliegen.*
Die Kinder haben sich sehr erschreckt und laufen schnell nach draußen.	*Die Kinder dürfen mehrere Runden durch den Raum laufen und sich dann an der Tür aufstellen.*
Die beiden kleinen Gespenster ziehen sich jetzt zufrieden wieder zurück.	*Die Kinder dürfen sich einen Moment hinsetzen und zur Ruhe kommen.*

Jetzt gehen die frechen Gespenster auf Spuktour!

Halloween und Lichterfest

Bewegungslandschaft: Gespensterturnen

Alter: ab 3 Jahren

Gruppengröße: max. 12 Kinder

Ort: Bewegungsraum

Dauer: ca. 20 Minuten

Material: kleines Trampolin – Matten zum Absichern – mehrere große Kartons – kleine Glocke

Vorbereitung:

Sichern Sie das Trampolin mit Matten. Stellen Sie an beiden Seiten offene Kartons in eine Schlangenlinie.

Los geht's:

Auch Gespenster müssen sich für Halloween vorbereiten und fit machen, damit sie die Kinder auch ordentlich erschrecken können. Nacheinander durchlaufen alle das Gespenstertraining.

1. Station: Fliegen
Auf einem Trampolin dürfen die kleinen Gespenster zu zweit oder zu dritt versuchen, möglichst hoch zu hüpfen. Sie halten sich während des Hüpfens an den ausgestreckten Händen und fliegen in die Luft.

2. Station: Spuken
Die Gruppe wird in zwei Gruppen aufgeteilt. Die eine Gruppe spielt die Gespenster, die andere Gruppe die Kinder. Alle Kinder bewegen sich frei im Raum. Die Gespenster versuchen, die Kinder zu erschrecken, indem sie sich von hinten anschleichen. Nach einiger Zeit werden die Gruppen gewechselt.

3. Station: Im Dunkeln
Nacheinander kriechen alle durch die „Kartonschlange".

4. Station: Es wird Mitternacht
Alle kleinen Gespenster dürfen sich einen Platz im Raum suchen und dort ruhig sitzen. Sobald Sie 12- mal mit der Glocke gebimmelt haben, treffen sich alle Gespenster in der Mitte des Raumes zum Spuken.

Halloween und Lichterfest

Bewegungsangebot: Die Gespenster jagen die Fledermäuse

Alter: ab 3 Jahren

Gruppengröße: max. 12 Kinder

Ort: Gruppenraum

Dauer: ca. 20 Minuten

Material: 9 braune Chiffontücher – 3 weiße Chiffontücher

Vorbereitung:

Es ist keine Vorbereitung erforderlich.

Los geht's:

Bis auf drei Kinder sind alle Kinder Fledermäuse und stecken sich ein braunes Chiffontuch hinten in die Hose. Die anderen Kinder sind die Gespenster und stecken sich ein weißes Chiffontuch in die Hose.
Die Gespenster versuchen jetzt, die Fledermäuse zu fangen. Die gefangenen Fledermäuse müssen mit gegrätschten Beinen stehen bleiben und warten, bis sie von anderen Fledermäusen gerettet werden, indem diese durch ihre Beine krabbeln. Dann können sie wieder mitspielen.
Das Spiel kann beliebig lang gespielt werden. Die Fledermäuse und die Gespenster können ihre Rollen tauschen.

Tipp:
Legen Sie mit den Kindern fest, dass alle Fledermäuse sich immer helfen und die anderen Fledermäuse retten müssen. So verhindern Sie, dass Kinder, die nicht so beliebt sind, zu lang pausieren müssen.

Halloween und Lichterfest

Spiel im Kreis: Kerzenkreis

Alter: ab 3 Jahren

Gruppengröße: max. 12 Kinder

Ort: Gruppenraum

Dauer: ca. 20 Minuten

Material: Schale mit Wasser – Schwimmkerze (bzw. mehrere Schwimmkerzen für Variante) – Feuerzeug oder Streichholz – ruhige Musik

Vorbereitung:

Dunkeln Sie das Zimmer leicht ab und füllen Sie eine Schale mit Wasser. In die Schale geben Sie eine Schwimmkerze und zünden sie an. Die Kinder setzen sich in einen Kreis.

Los geht's:

Zu ruhiger Musik dürfen nacheinander alle Kinder die Schale mit Schwimmkerzen eine Runde im Kreis tragen. Dabei müssen sie sehr langsam und vorsichtig gehen, damit das Licht nicht verlischt. Sobald ein Kind seine Runde gegangen ist, übergibt es die Schale seinem Nachbarkind. Die anderen Kinder, die nicht an der Reihe sind, dürfen Kerzenflammen spielen und sich sanft nach links und rechts wiegen. So verhindern Sie, dass sich die anderen Kinder langweilen und Störungen entstehen.

Variante:
Wenn die Gruppe sehr unruhig ist, können auch mehrere Kinder mit Kerzen im Kreis gehen. Bei einer kleinen Gruppe können auch alle gleichzeitig gehen.

Beim Kerzenlicht können wir entspannen.

Halloween und Lichterfest

Tanz: Taschenlampentanz

Alter: ab 3 Jahren

Gruppengröße: max. 12 Kinder

Ort: Bewegungsraum

Dauer: ca. 20 Minuten

Material: für jedes Kind 1 Taschenlampe – ruhige Musik – CD-Player

Vorbereitung:

Dunkeln Sie zuerst den Raum ab, so kommt das Licht der Taschenlampen besser zur Geltung. Verteilen Sie die Taschenlampen an die Kinder und machen Sie Musik an.

Los geht's:

Gemeinsam dürfen alle Kinder die nachfolgenden Bewegungen zur Musik ausführen:

- Die Kinder sitzen in der Hocke und leuchten mit ihren Taschenlampen auf den Boden. Langsam stehen sie auf und führen dabei den Lichtstrahl zur Decke.
- Alle drehen sich, mit ihrer Taschenlampe nach oben gerichtet, einmal rechts und einmal links um die eigene Achse und malen Lichtkreise an die Decke.
- Nun malen alle Lichtkreise auf den Boden. Dabei gehen die Kinder langsam wieder in die Hocke.
- Wenn alle sitzen, werden die Taschenlampen ausgemacht und einen Moment Ruhe und Dunkelheit bei leiser Musik genossen.

Der Tanz kann beliebig oft wiederholt werden.

Tipp:
Greifen Sie eigene Ideen der Kinder auf und bauen Sie diese in den Taschenlampentanz mit ein. Es können zum Beispiel auch andere Lichtbilder gemalt werden, es kann mit der Taschenlampe zur Musik getanzt werden oder die Kinder erfinden Schattenspiele …

Halloween und Lichterfest

Bewegung im Freien: Kerzenstaffel

Alter: ab 3 Jahren

Gruppengröße: max. 12 Kinder

Ort: Außengelände

Dauer: ca. 20 Minuten

Material: Kerze in einem Windlicht – mehrere Pylonen – 1 Eimer mit Wasser

Vorbereitung:

Bauen Sie zwei identische Parcours mit Pylonen auf. Es werden zwei gleich große Gruppen gebildet. Jede Gruppe erhält ein Windlicht mit einer brennenden Kerze.

Los geht's:

Jede Gruppe muss das Windlicht vorsichtig durch einen Parcours aus Pylonen tragen. Wieder zurück, wird das Licht dem nächsten Mitspieler überreicht und dieser trägt die Kerze ebenfalls durch den Parcours. Gewonnen hat die Gruppe, die als erste den Parcours bewältigt hat. Doch Vorsicht! Es kommt nicht nur auf Schnelligkeit an, sondern auch darauf, dass das Licht nicht verlöscht. Die Gruppe, deren Kerze ausgeht, hat automatisch verloren.

Ganz vorsichtig, damit das Licht nicht ausgeht!

Variante 1:
Versuchen Sie, mit älteren Kindern das Weiterreichen des Windlichts zu variieren, z. B. über den Kopf an den Vordermann geben oder zwischen den Beinen hindurch …

Variante 2: Rotation
Wieder werden zwei gleich große Gruppen gebildet. Alle Kinder einer Gruppe stellen sich seitlich nebeneinander in einer Reihe auf. Die beiden Gruppen stehen nebeneinander. Das hinterste Kind hält das Windlicht in der Hand. Auf das Startkommando wird das Windlicht in jeder Gruppe von hinten nach vorn gereicht. Jedes Kind muss dabei das Windlicht in den Händen halten. Sobald das vorderste Kind das Windlicht hat, geht es zurück und schließt sich hinten an. Erneut wird das Windlicht nach vorn gereicht. Die Gruppe, die als erste wieder in der Ausgangsposition steht, hat gewonnen. Wenn einer Gruppe das Windlicht ausgeht, hat sie ebenfalls verloren.

Wichtig:
Stellen Sie unbedingt einen Eimer mit Wasser für den Notfall bereit.

Mit Bewegung durch die

Winterzeit

Weihnachtsvorbereitungen

Bewegungsgeschichte: Wir helfen dem Nikolaus (1/2)

Alter: ab 3 Jahren

Gruppengröße: max. 12 Kinder

Ort: Bewegungsraum

Dauer: ca. 20 Minuten

Material: mehrere kleine Nikolaussäckchen – Sprossenwand – Matten zum Absichern – Langbank – Rollbrett mit Schnur oder Schlitten – mehrere Teppichfliesen – beidseitiges Klebeband – für jedes Kind 1 kleiner Schoko-Nikolaus

Vorbereitung:

Kleben Sie die Teppichfliesen auf den Boden. Hängen Sie die Langbank in die Sprossenwand und sichern Sie sie mit Matten. Stellen Sie eine umgedrehte Langbank zum Balancieren bereit und sichern Sie diese ebenfalls mit Matten. Binden Sie eine Schnur an ein Rollbrett oder einen Schlitten. Für den Schluss halten Sie für jedes Kind einen Schoko-Nikolaus bereit.

Los geht's:

Erzählen Sie die Geschichte, die Kinder machen die entsprechenden Bewegungen dazu.

Stellt euch vor, der Nikolaus hat uns eingeladen, ihm zu helfen, die Nikolaussäckchen zu verteilen. Habt ihr Lust, dem Nikolaus zu helfen?	
Als Erstes müssen wir die Säckchen auf den Schlitten laden.	*Jedes Kind darf ein kleines Säckchen auf den Schlitten laden.*
Nun werden zwei Rentiere vor den Schlitten gespannt und schon kann es losgehen!	*Zwei Kinder dürfen die Rentiere spielen und den Schlitten mit den Säckchen ziehen. Nacheinander dürfen alle Kinder den Schlitten einmal im Kreis ziehen. Die anderen Kinder gehen nebenher.*
Das erste Haus ist auf einem hohen Berg. Der Berg ist für die Rentiere zu steil. Deswegen müsst ihr den Berg hinaufklettern und dann wieder herunterrutschen.	*Nacheinander klettern alle Kinder auf eine an der Sprossenwand eingehängte Langbank hinauf und rutschen wieder herunter.*
Und weiter geht es. Die Rentiere haben sich ausgeruht und ziehen übermütig und schnell den Schlitten.	*Zwei Kinder ziehen den Schlitten.*

Weihnachtsvorbereitungen

Bewegungsgeschichte: **Wir helfen dem Nikolaus** (2/2)

Das nächste Haus ist nur über eine kleine Brücke zu erreichen. Die Brücke ist sehr schmal und wackelig. Nacheinander gehen wir langsam und vorsichtig über die Brücke und wieder zurück.	*Alle balancieren auf einer umgedrehten Langbank vor und zurück.*
Um das letzte Haus zu erreichen, müssen wir wieder ein Stück laufen. Auf dem Feldweg sind riesige Pützen. Wir versuchen, über die Pfützen zu springen, um nicht nass zu werden.	*Die Kinder dürfen über Teppichfliesen springen.*
Den Rentieren macht das Wasser nichts aus, sodass wir schnell unser letztes Nikolaussäckchen ablegen können.	*Die Kinder legen die letzten Säckchen am Zielort ab.*
Als Dankeschön für unsere Hilfe schenkt der Nikolaus allen Kindern einen kleinen Nikolaus aus Schokolade.	

Weihnachtsvorbereitungen

Bewegungslandschaft: Christbaumschmuck-Parcours (1/2)

Alter: ab 3 Jahren

Gruppengröße: max. 12 Kinder

Ort: Bewegungsraum

Dauer: ca. 20 Minuten

Material: 6 Plastikflaschen mit einer Füllmenge von 0,5 l – Softball – für jedes Kind 2 verschiedene Christbaumkugeln – Behältnis für Christbaumkugeln – Schüssel mit rohen Linsen – 2 Schüsseln – mehrere Murmeln – 2 Strohsterne pro Kind – für jedes Kind 1 Tannenzapfen mit dünner Schnur – mehrere leere Küchenrollen – Tennisball – großer Korb – 1 Kochlöffel für jedes Kind

Vorbereitung:

Bereiten Sie alle Stationen vor, damit sie ohne Pause von den Kindern bespielt werden können. Geben Sie die Christbaumkugeln in eine große Schale. Für das Kegeln werden sechs Plastikflaschen in zwei Reihen versetzt hintereinander aufgestellt. Füllen Sie Linsen in eine Schüssel und verstecken Sie vorab zwei Strohsterne darin. Stellen Sie einen Korb bereit. Die Murmeln legen Sie ebenfalls in eine Schüssel. Bilden Sie aus den Küchenrollen einen Parcours mit großen Abständen.

Los geht's:

Station 1: Flaschenkegeln
Mit einem Softball dürfen die Kinder versuchen, möglichst viele Flaschen umzuwerfen. Jedes Kind hat drei Versuche. Wer erwischt alle sechs Flaschen mit einem Wurf?
Nach dem Spiel darf sich jedes Kind eine Christbaumkugel nehmen und in dem großen Korb ablegen.

Station 2: Linsen sieben
Die Kinder fischen nacheinander ihre Strohsterne mit den Händen aus den Linsen. Befüllen Sie die Schüssel nach jedem Kind erneut mit Strohsternen. Die Strohsterne dürfen ebenfalls in den großen Korb gelegt werden.

Station 3: Murmeltransport
Jedes Kind darf versuchen, barfuß mit den Füßen eine Murmel aus der Schüssel zu greifen und in eine andere Schüssel daneben zu geben. Als Belohnung gibt es einen Tannenzapfen an einer dünnen Schnur zum Aufhängen, der in den großen Korb gelegt werden darf.

Weihnachtsvorbereitungen

Bewegungslandschaft: Christbaumschmuck-Parcours (2/2)

Station 4: Slalomparcours für den Tennisball
Jedes Kind darf jetzt mit einem Kochlöffel versuchen, den Tennisball im Slalom durch den Küchenrollen-Parcours zu lenken, ohne die Rollen umzuwerfen. Zum Schluss darf jeder Spieler wieder eine Christbaumkugel nehmen und in den großen Korb legen.

Tipp:
Sobald alle Dekorationen für den Christbaum gemeinsam erspielt wurden, können Sie damit gemeinsam den Christbaum der Einrichtung schmücken.

Gar nicht so einfach, eine Murmel mit den Zehen zu greifen!

Weihnachtsvorbereitungen

Bewegungsangebot: Plätzchen backen

Alter: ab 3 Jahren

Gruppengröße: max. 12 Kinder

Ort: Gruppenraum

Dauer: ca. 20 Minuten

Material: pro Paar 1 kleine Decke – Wollfäden

Vorbereitung:

Halten Sie alle Materialien bereit und machen Sie den Kindern die einzelnen Bewegungen zunächst vor.

Los geht's:

Die Kinder gehen zu Paaren zusammen. Ein Kind legt sich auf den Bauch, das andere Kind ist der Plätzchenbäcker.

Bevor wir mit dem Backen beginnen, müssen wir unsere Hände gründlich mit Seife waschen.	*Die Kinder dürfen ihre Hände aneinander reiben.*
Leider ist kein Handtuch da und wir müssen unsere Hände trockenschütteln.	*Die Kinder dürfen ihre Hände ausschütteln.*
Zunächst brauchen wir Mehl.	*Die Bäcker dürfen mit beiden Händen das Ausschütten von Mehl auf dem Rücken spielen. Dazu klopfen sie leicht mit beiden Fingerspitzen auf den Rücken.*
Kleine Butterflöckchen werden nacheinander auf dem Mehl verteilt.	*Mit den Fingerspitzen mehrmals auf verschiedene Stellen am Rücken tupfen*
Zucker und Backpulver kommen noch hinzu.	*Schüttbewegungen mit den Händen machen, indem jeweils im Wechsel leicht mit der Faust auf den Rücken geklopft wird*
Etwas Milch wird noch hineingerührt.	*Mit beiden Händen kreisende Rührbewegungen machen*
Jetzt wird der Teig fest durchgeknetet.	*Mit beiden Händen den gesamten Rücken durchkneten*
Dann wird er ausgerollt.	*Mit beiden Händen gleichzeitig Rollbewegungen auf- und abwärts machen*
Jetzt werden die Plätzchen ausgestochen.	*Aus Wolle werden die Umrisse des Kindes nachgelegt.*
Ab in den Ofen!	*Mit einer kleinen Decke wird das Kind zugedeckt und darf etwas ruhen. Dann wechseln die Kinder sich ab.*

Weihnachtsvorbereitungen

Spiel im Kreis: Bei wem klingelt das Glöckchen?

Alter: ab 3 Jahren

Gruppengröße: max. 12 Kinder

Ort: Gruppenraum

Dauer: ca. 20 Minuten

Material: kleines Glöckchen

Vorbereitung:

Es ist keine Vorbereitung erforderlich.

Los geht's:

Alle Kinder sitzen im Kreis. Reihum wird ein kleines Glöckchen gereicht. Dabei soll das Glöckchen nicht klingeln. Wem gelingt das? Bei wem das Glöckchen klingelt, der bekommt eine Aufgabe. Diese kann von Ihnen vorgegeben werden. Die Kinder können beispielsweise

- versuchen, auf einem Bein zu stehen
- eine Kerze machen
- einen Yogabaum machen
- sich auf die Zehenspitzen stellen und hin und her balancieren
- einen Hampelmann machen
- auf einem Bein einmal im Kreis hüpfen
- auf den Fersen einmal im Kreis gehen
- im Spinnengang einmal im Kreis gehen
- rückwärts im Kreis gehen
- mit den Händen eine Windmühle machen

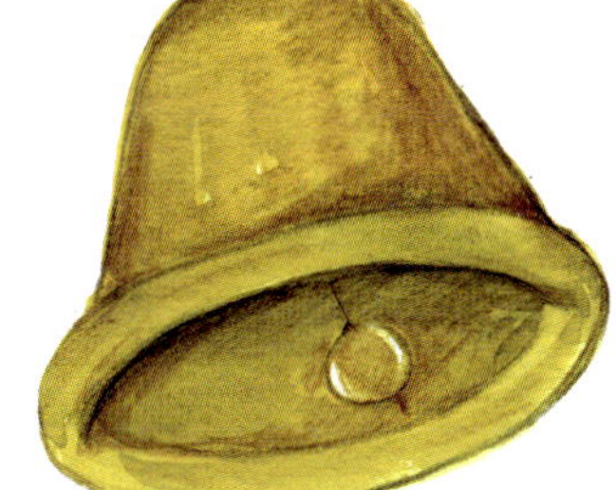

Wer hat noch weitere Ideen?
Wenn am Ende nicht alle Kinder an der Reihe waren, werden noch einige Bewegungen zusammen gemacht. Wenn die Gruppe unruhig ist, können alle Kinder zum Schluss durch den Raum toben, bis das Glöckchen erklingt.

Tipp:
Dieses Spiel eignet sich sehr gut, um die motorischen Fähigkeiten der Kinder zu beobachten und bei Bedarf Fördermöglichkeiten zu entwickeln.

Weihnachtsvorbereitungen

Tanz: Kling, Glöckchen, klingelingeling

Alter: ab 3 Jahren

Gruppengröße: max. 12 Kinder

Ort: Bewegungsraum

Dauer: ca. 15 Minuten

Material: für jedes Kind 1 Schellenkranz oder 1 kleines Glöckchen

Vorbereitung:

Es ist keine Vorbereitung erforderlich.

Los geht's:

Die Kinder machen zum Lied die entsprechenden Bewegungen. Der Tanz kann mehrmals wiederholt werden.

Kling, Glöckchen, klingelingeling, kling, Glöckchen kling!	*Mit dem Glöckchen klingeln und nach rechts im Kreis gehen*
Lasst mich ein, ihr Kinder, ist so kalt der Winter,	*Fünf Schritte zur Kreismitte gehen*
öffnet mir die Türen, lasst mich nicht erfrieren.	*Fünf Schritte wieder zurückgehen*
Kling, Glöckchen, klingelingeling, kling, Glöckchen, kling!	*Mit dem Glöckchen klingeln und nach links im Kreis gehen*

Weihnachtsvorbereitungen

Bewegung im Freien: Weihnachtspaziergang im Wald

Alter: ab 3 Jahren

Gruppengröße: max. 12 Kinder

Ort: im Wald

Dauer: ca. 20 Minuten

Material: Haselnüsse – Sonnenblumenkerne – Kürbiskerne – Rosinen – Erdnüsse – Kastanien – Eicheln – 2 Körbchen

Vorbereitung:

Organisieren Sie Futtergeschenke für die Tiere. Sie können diese entweder selber besorgen oder von den Eltern mitbringen lassen. Nehmen Sie alle Materialien mit in den Wald.

Los geht's:

Bald ist Weihnachten. Alle Kinder freuen sich sicher schon darauf. Aber was ist mit den Tieren? Bekommen die Tiere im Wald auch Weihnachtsgeschenke? Bei einem gemeinsamen Spaziergang im Wald machen wir den Tieren kleine Weihnachtsgeschenke in Form von Futter und legen dieses aus.
Besonders geeignet sind für die Eichhörnchen: Haselnüsse, Sonnenblumenkerne, Kürbiskerne und Rosinen. Der Specht liebt Erdnüsse und Rehe fressen gern Kastanien und Eicheln. Weisen Sie die Kinder unbedingt darauf hin, dass Tiere im Wald nicht mit altem Brot gefüttert werden dürfen.

Variante: Wer ist am schnellsten?
Legen Sie in einem vorher vereinbarten kleinen Teil des Waldes Kastanien aus. Teilen Sie die Kinder in zwei Gruppen auf. Die Kinder sollen versuchen, möglichst schnell die Kastanien zu finden. Wer eine Kastanie gefunden hat, darf sie auf dem Kopf balancieren und in ein Körbchen legen. Wenn die Kastanie auf den Boden fällt, muss sie wieder zurückgelegt werden. Die Gruppe, die die meisten Kastanien im Körbchen hat, hat gewonnen.

Schneetreiben und Eiseskälte

Bewegungsgeschichte: Schnee und Eis (1/2)

Alter: ab 3 Jahren

Gruppengröße: max. 12 Kinder

Ort: Bewegungsraum

Dauer: ca. 20 Minuten

Material: 2 große offene Kastenteile – 6 Rollbretter mit angebundenem Seil – Langbank – Seile – Sprossenwand – mehrere Matten – Teppichfliesen – Schwungtuch

Vorbereitung:

Drehen Sie die beiden Kastenteile um. Befestigen Sie Seile an den Rollbrettern. Legen Sie die Matten aus und kleben Sie die Teppichfliesen am Boden fest. Hängen Sie eine Langbank in die Sprossenwand und befestigen Sie darüber ein Seil. Sichern Sie alles mit Matten. Legen Sie ein Schwungtuch bereit.

Los geht's:

Erzählen Sie die Geschichte, die Kinder machen die entsprechenden Bewegungen dazu.

Heute wollen wir uns gemeinsam auf eine große Reise zur Arktis begeben. Es wird eine lange Reise.	
Zuerst fliegen wir mehrere Stunden mit dem Flugzeug.	*Die Kinder machen mit den Armen während des Gehens Flugbewegungen.*
Dann geht es weiter mit dem Schiff. Leider haben wir nicht alle in einem Schiff Platz und müssen uns auf mehrere Ruderboote verteilen.	*Die Kinder dürfen sich hintereinander in ein oder zwei Kastenteile stellen oder hineinsetzen und mit den Händen Ruderbewegungen machen.*
Endlich sind wir in der Arktis angekommen. Bis wir zu unserem Übernachtungsquartier kommen, müssen wir noch ein Stück mit einem Hundeschlitten fahren.	*Ein Kind setzt sich auf ein Rollbrett und lässt sich von einem anderen Kind ziehen. Jedes Kind sollte beide Funktionen ausprobieren dürfen.*
Wir sind sehr müde und schlafen ein paar Stunden.	*Alle legen sich auf die Matten und atmen mehrmals tief ein und aus.*
Gleich in der Früh machen wir eine Wanderung. Es liegt sehr viel Schnee und wir ziehen unsere Schneeschuhe an, um besser voranzukommen.	*Die Kinder dürfen das Anziehen von Schneeschuhen spielen und die Füße beim Gehen nach oben heben.*

Schneetreiben und Eiseskälte

Bewegungsgeschichte: Schnee und Eis (2/2)

Wir sehen einen großen Eisberg, den wir gemeinsam besteigen wollen. Er ist sehr hoch und steil. Wir benötigen ein Seil, um hinaufzukommen.	*Die Kinder dürfen auf der Langbank nach oben klettern und sich am Seil festhalten.*
Oben angekommen, genießen wir den tollen Ausblick und ruhen uns eine Weile aus. Jetzt ist es auch schon wieder Zeit für den Abstieg. Wir übernachten gemeinsam in einem Zelt im Freien.	*Alle Kinder stellen sich im Kreis nebeneinander und halten ein Schwungtuch fest. Alle zählen bis drei, lassen das Schwungtuch los und setzen sich hin.*
Am nächsten Tag sehen wir einen See mit vielen Eisschollen. Wir steigen vorsichtig von Eisscholle zu Eisscholle und versuchen, dabei nicht ins Wasser zu fallen.	*Die Kinder steigen über Teppichfliesen, die im Raum verteilt sind.*
Huch, die Eisschollen zerbrechen und wir retten uns zu zweit auf eine Eisscholle.	*Je zwei Kinder stellen sich mit ein oder zwei Füßen auf eine Teppichfliese.*
Schnell verlassen wir den See. Jetzt müssen wir uns auch schon wieder auf den Heimweg machen. Wir lassen uns wieder von den Hunden auf dem Schlitten zum Schiff bringen.	*Wieder setzen sich die Kinder nacheinander auf das Rollbrett und lassen sich ziehen.*
Es herrscht ein ziemlich starker Seegang und das Schiff schaukelt hin und her.	*Die Kinder sitzen wieder im Kasten und schwanken im Wechsel hin und her.*
Endlich sind wir im Flugzeug und fliegen sicher nach Hause. Ein tolles Erlebnis war das!	*Die Kinder machen erneut Flugbewegungen.*

Schneetreiben und Eiseskälte

Bewegungslandschaft: Wintersport

Alter: ab 3 Jahren

Gruppengröße: max. 12 Kinder

Ort: Bewegungsraum

Dauer: ca. 20 Minuten

Material: für jedes Kind 2 Schuhkartons ohne Deckel – Rollbrett mit angebundenem Seil oder Schlitten – mehrere Springseile – Zeitungspapier für Schneebälle – Sprossenwand – Matten zum Absichern

Vorbereitung:

Stellen Sie Schuhkartons bereit. Befestigen Sie ein Seil am Rollbrett. Befestigen Sie mehrere Seile an der Sprossenwand und sichern Sie die Station mit Matten ab. Knüllen Sie aus Zeitungspapier ausreichend „Schneebälle".

Los geht's:

Jetzt geht es los mit dem Wintersport! Die Stationen können parallel genutzt werden.

1. Station: Schlittschuhlaufen
Mit zwei Schuhkartons an den Füßen dürfen die Kinder Schlittschuhlaufen.

2. Station: Schnee-Engel
Die Kinder legen sich auf den Rücken und bewegen Arme und Beine gleichzeitig auf und ab.

3. Station: Schlitten ziehen
Ein Kind sitzt auf dem Rollbrett oder Schlitten und lässt sich von einem anderen Kind ziehen. Im Anschluss wird gewechselt.

4. Station: Im Lift
Die Kinder dürfen sich nacheinander in ein an der Sprossenwand angeknotetes Seil stellen und nach hinten lehnen wie bei einem Schlepplift.

5. Station: Schneeballschlacht
Mit aus Zeitungspapier geknüllten Schneebällen dürfen die Kinder eine Schneeballschlacht machen.

Schneetreiben und Eiseskälte

Bewegungsangebot: Eiskristalle fangen

Alter: ab 3 Jahren

Gruppengröße: max. 12 Kinder

Ort: Gruppenraum

Dauer: ca. 20 Minuten

Material: kein Material erforderlich

Vorbereitung:

Zu Beginn erzählen Sie den Kindern die folgende Geschichte:
Es ist Winter und die Straßen sind sehr glatt und rutschig. Die Menschen müssen vorsichtig und langsam gehen, um nicht auszurutschen. Damit das Eis schmilzt und niemand mehr ausrutscht, wird Salz gestreut. Durch das Salz schmilzt das Eis.

Los geht's:

Alle Kinder spielen Eiskristalle bis auf drei, die das Salz sind. Die Kinder, die die Eiskristalle spielen, dürfen sich frei im Raum bewegen. Sobald Sie das Kommando „Es wird Salz gestreut!" rufen, dürfen die Kinder, die das Salz spielen, versuchen, die Eiskristalle zu fangen. Die Eiskristalle können sich schützen, indem sie zu zweit zusammengehen, so hat das Salz zu wenig Kraft und kann das Eis nicht schmelzen. Es dürfen nur die Kinder gefangen werden, die ohne Partner sind. Kinder, die gefangen wurden, dürfen jetzt auch das Salz spielen. Das Spiel endet, wenn nur noch ein einziger Eiskristall übrig ist.
Das Spiel kann beliebig oft wiederholt werden.

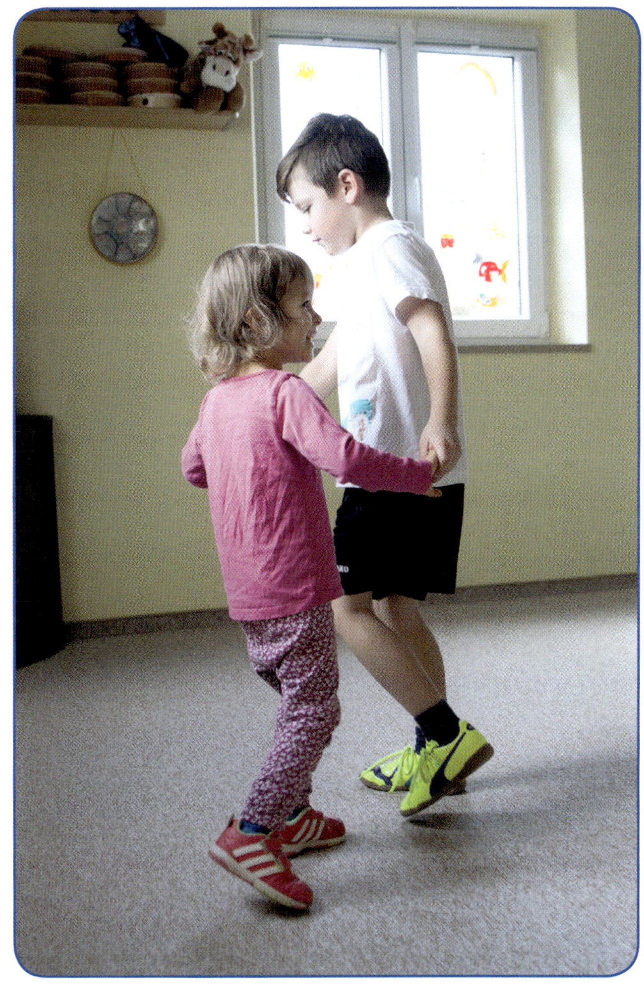

Zwei Eiskristalle sind stärker als einer!

Spiel im Kreis: Schneeballtransport

Alter: ab 3 Jahren

Gruppengröße: max. 12 Kinder

Ort: Bewegungsraum

Dauer: ca. 20 Minuten

Material: für jedes Kind 1 Strohhalm – 1 Wattebällchen – kleiner Tisch

Vorbereitung:

Legen Sie auf dem Tisch die Strohhalme und einen Wattebausch zurecht.

Los geht's:

Als Schneeball dient ein weißes Wattebällchen. Gespielt wird auf einem Tisch. Sie beginnen, indem Sie den Kindern das Spiel vormachen. Mit einem Strohhalm saugen Sie die Watte an und transportieren diese dann zu einem Kind, dessen Namen Sie vorher gesagt haben. Die Watte soll möglichst nicht herunterfallen. Das Spiel kann beliebig lang gespielt werden, mindestens aber, bis alle Kinder an der Reihe waren. Es können max. vier Kinder gleichzeitig am Tisch spielen. Hier kann es sinnvoll sein, für alle Kinder, die bereits an der Reihe waren, weitere Beschäftigungsmöglichkeiten zur Verfügung zu stellen.

Variante: Die Richtung wird gewechselt
Das Watteböllchen wird mit dem Strohhalm reihum weitergegeben. Sobald Sie in die Hände klatschen, wird die Richtung gewechselt. Dies schult die Aufmerksamkeit und die Reaktion der Kinder.

Schaffen wir es, die Schneebälle sicher zu transportieren?

Schneetreiben und Eiseskälte

Tanz: Schneeflöckchen, Weißröckchen (1/2)

Alter: ab 3 Jahren

Gruppengröße: max. 12 Kinder

Ort: Bewegungsraum

Dauer: ca. 20 Minuten

Material: für jedes Kind 2 weiße Chiffontücher – Lied „Schneeflöckchen, Weißröckchen" – CD-Player

Vorbereitung:

Es ist keine Vorbereitung erforderlich.

Los geht's:

Zu Beginn dürfen die Kinder zum Lied freie Tanzbewegungen mit den Chiffontüchern machen, z. B.

- Chiffontücher hochwerfen und zu Boden fallen lassen
- mit den Chiffontüchern in der Hand im Kreis drehen
- Chiffontücher hochwerfen und wegpusten
- Chiffontücher abwechselnd hochwerfen und „jonglieren", sodass immer eins in der Luft ist

Zum Lied machen die Kinder dann folgende Bewegungen.

Schneeflöckchen, Weißröckchen, wann kommst du geschneit?	*Alle Kinder stehen mit dem Chiffontuch in der Hand im Kreis. Jetzt drehen sich alle mit einer Vierteldrehung, halten ihr Chiffontuch außen an der Hand und gehen passend zur Musik vorwärts.*
Du wohnst in den Wolken, dein Weg ist so weit.	*Die Kinder bleiben stehen, stellen sich mit dem Chiffontuch in der Hand auf Zehenspitzen und werden immer kleiner, bis sie in der Hocke sind.*
Komm, setz dich ans Fenster, du lieblicher Stern,	*Alle Kinder stehen mit dem Chiffontuch in der Hand im Kreis. Jetzt drehen sich alle mit einer Vierteldrehung, halten ihr Chiffontuch außen an der Hand und gehen passend zur Musik vorwärts.*
malst Blumen und Blätter, wir haben dich gern.	*Die Kinder bleiben stehen und stellen sich mit dem Chiffontuch in der Hand auf Zehenspitzen und werden immer kleiner, bis sie in der Hocke sind.*

Schneetreiben und Eiseskälte

Tanz: Schneeflöckchen, Weißröckchen (2/2)

Schneeflöckchen, du deckst uns die Blümelein zu,	*Alle Kinder stehen mit dem Chiffontuch in der Hand im Kreis. Jetzt drehen sich alle mit einer Vierteldrehung, halten ihr Chiffontuch außen an der Hand und gehen passend zur Musik vorwärts.*
dann schlafen sie sicher in himmlischer Ruh'.	*Die Kinder bleiben stehen, stellen sich mit dem Chiffontuch in der Hand auf Zehenspitzen und werden immer kleiner, bis sie in der Hocke sind.*
Schneeflöckchen, Weißröckchen, komm zu uns ins Tal.	*Alle Kinder stehen mit dem Chiffontuch in der Hand im Kreis. Sie drehen sich wieder mit einer Vierteldrehung, halten ihr Chiffontuch außen an der Hand und gehen passend zur Musik vorwärts.*
Dann bau'n wir den Schneemann und werfen den Ball.	*Alle Kinder dürfen ihr Chiffontuch zu einem Ball knüllen und in die Mitte werfen.*

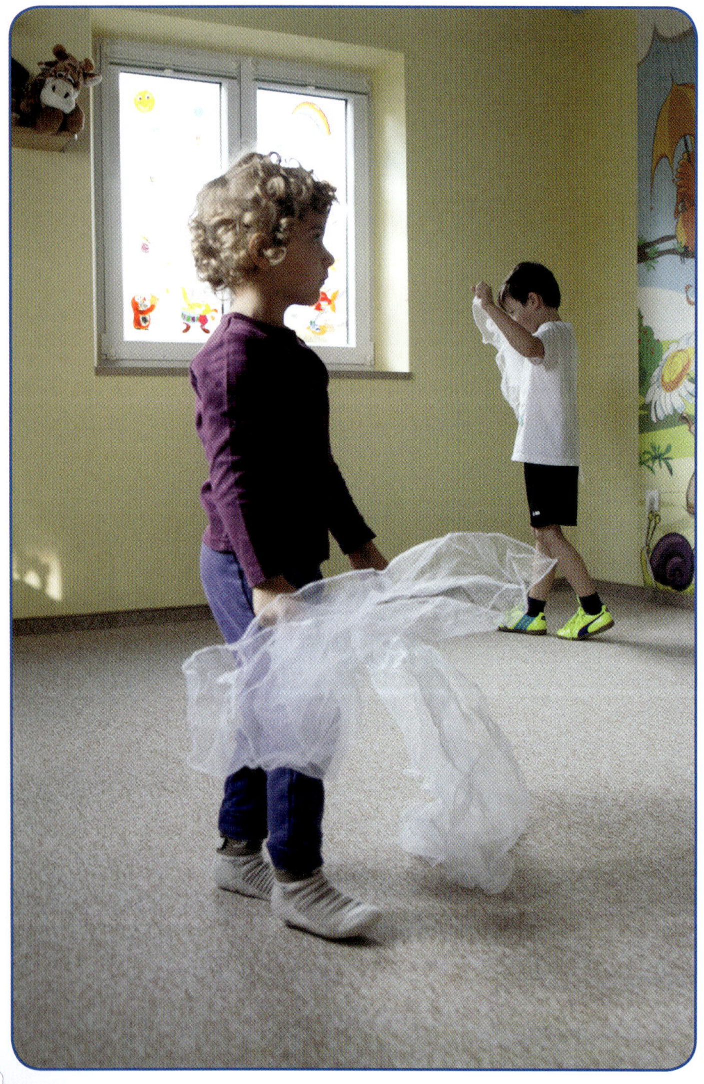

Schneeflöckchen, Weißröckchen …

Schneetreiben und Eiseskälte

Bewegung im Freien: Schneeballweitwurf

Alter: ab 3 Jahren

Gruppengröße: max. 12 Kinder

Ort: Außengelände oder Park

Dauer: ca. 20 Minuten

Material: viel Schnee – Papier und Stift zum Notieren der Punkte

Vorbereitung:

Dieses Angebot ist geeignet für Tage, an denen es ordentlich geschneit hat. Für das Spiel messen Sie zunächst dreimal nebeneinander die Entfernung von jeweils 30 cm aus und geben Punkte an für das Erreichen. Beginnen Sie mit 5 Punkten und steigern Sie auf 10, 15 und 20 Punkte.

Los geht's:

Teilen Sie die Kinder in zwei bis drei gleich große Gruppen ein. Jeder Mitspieler einer Gruppe darf versuchen, einen Schneeball möglichst weit zu werfen. Die Weite jedes Schneeballs wird mit Punkten gemessen, die in den Feldern angeschrieben stehen. Jeder Spieler darf drei Schneebälle werfen.
Die Gruppe, die nach Beendigung der gesamten Würfe die höchste Punktzahl erreicht hat, ist Sieger.
Zum Schluss darf noch eine wilde Schneeballschlacht stattfinden und ein Schneemann gebaut werden!

Fasching, Fastnacht, Karneval

Bewegungsgeschichte: Reise ins Roboterland

Alter: ab 3 Jahren

Gruppengröße: max. 12 Kinder

Ort: Gruppenraum

Dauer: ca. 20 Minuten

Material: kein Material erforderlich

Vorbereitung:

Es ist keine Vorbereitung erforderlich.

Los geht's:

Die Kinder stehen im Kreis. Zeigen Sie den Kindern zu Beginn immer die neuen Bewegungen.

Unser Freund Robo aus dem Roboterland lädt uns zu sich nach Hause ein. Am Eingang werden wir programmiert.	*Die Erzieherin macht bei jedem Kind Schraubbewegungen am Rücken.*
Und nun laufen wir Robo im Roboterschritt hinterher.	*Alle machen den Roboterschritt nach, gehen ganz abgehackt und folgen Robo.*
Wir dürfen beim Roboterturnen im Roboterkindergarten mitmachen. Zuerst wärmen wir uns auf.	*Roboterschritt in verschiedenen Geschwindigkeiten, dann Roboterschritt rückwärts*
Jetzt wird die Robotermuskulatur gestärkt, zuerst die Arme,	*Beide Arme von unten seitwärts ausstrecken und nach oben heben und wieder zurück; mehrmals wiederholen*
dann die Beine.	*Im Wechsel die Knie ganz weit nach oben ziehen*
Schon ist die Roboterturnstunde vorbei und wir müssen wieder nach Hause gehen. Es hat Spaß gemacht, das Roboterland zu besuchen.	*Zum Abschluss gehen nochmals alle im Roboterschritt.*

Fasching, Fastnacht, Karneval

Bewegungslandschaft: Fasching im Zirkus

Alter: ab 3 Jahren

Gruppengröße: max. 12 Kinder

Ort: Bewegungsraum

Dauer: ca. 20 Minuten

Material: mehrere Reifen – gelbes und rotes Krepppapier – bunte Chiffontücher – Sprossenwand – Matten zum Absichern – Regenschirm – Langbank

Vorbereitung:

Bekleben Sie einen „Feuerreifen" mit gelben und roten Krepppapierstreifen. Halten Sie diesen und die anderen Reifen für die Kinder bereit, ebenso wie die Chiffontücher. Drehen Sie eine Langbank um. Sichern Sie die Sprossenwand ab.

Los geht's:

Die Zirkustiere üben für die große Faschingsshow:

- Die Tiger springen durch mehrere Reifen, am Schluss durch den Feuerreifen. Dafür darf die eine Hälfte der Kinder nacheinander durch die einzelnen Reifen krabbeln, die von den anderen Kindern gehalten werden. Anschließend wird gewechselt, bis alle Kinder dran waren. Die „Tiger" dürfen nach Herzenslust fauchen.
- Jetzt üben die Kinder jonglieren mit drei Chiffontüchern.
- Die Akrobaten klettern auf der Sprossenwand in die Höhe und strecken zuerst einen Arm, dann ein Bein im Wechsel weg. Es dürfen immer zwei Akrobaten gleichzeitig ihre Kunststücke zeigen.
- Die Seiltänzer balancieren nacheinander mit einem Regenschirm über eine umgedrehte Langbank.
- Elefanten stampfen mit einem lauten „Trörö" nacheinander durch die Manege. Sie führen einen Rüsseltanz vor, indem sie sich mit den Rüsseln ineinander einhaken und im Kreis tanzen.
- Die kleinen Ponys traben in die Manege. Sie laufen im Kreis und können sich sogar um sich selbst drehen.
- Zum Abschluss dürfen alle Zirkusartisten gemeinsam nacheinander durch die Manege laufen und winken.

Die große Zirkusshow beginnt!

Fasching, Fastnacht, Karneval

Bewegungsangebot: Spiele mit dem Luftballon

Alter: ab 3 Jahren

Gruppengröße: max. 12 Kinder

Ort: Bewegungsraum

Dauer: ca. 20 Minuten

Material: Luftballons – Luftballonpumpe – für jedes Kind 1 kleines Säckchen

Vorbereitung:

Pusten Sie die benötigten Luftballons mit einer Luftballonpumpe auf. Halten Sie die Säckchen für die Kinder bereit.

Los geht's:

1. Balancierübungen
Die Kinder stellen sich paarweise zusammen und versuchen, den Luftballon auf die verschiedenen Möglichkeiten zu befördern, z. B.

- zwischen sich an der Stirn
- zwischen sich am Bauch
- Rücken an Rücken

2. Luftballonspiele
Alle Kinder stellen sich zu einem Kreis zusammen. Ein Kind hält einen Luftballon in den Händen und ruft den Namen eines anderen Kindes. Es wirft ihm den Luftballon zu und das andere Kind darf ihn fangen und wieder auf dieselbe Weise weiterspielen. Das Spiel dauert so lang, bis alle Kinder an der Reihe waren.

Die Kinder dürfen sich gegenseitig im Kreis den Luftballon zuwerfen. Der Luftballon soll dabei nicht nach unten fallen. Um den Schwierigkeitsgrad zu steigern, können auch mehrere Luftballons verwendet werden. Lassen Sie die Kinder auch frei mit den Luftballons experimentieren!

Alle Kinder stehen im Kreis. Die Luftballons liegen in der Mitte des Kreises. Jedes Kind bekommt ein kleines Säckchen. Nacheinander dürfen alle Kinder versuchen, mit ihrem Säckchen auf einen Luftballon zu werfen. Wer schafft es, den Luftballon zu treffen?

Das macht Spaß!

Fasching, Fastnacht, Karneval

Spiel im Kreis: Aramsamsam

Alter: ab 3 Jahren

Gruppengröße: max. 12 Kinder

Ort: Gruppenraum

Dauer: ca. 20 Minuten

Material: kein Material erforderlich

Vorbereitung:

Es ist keine Vorbereitung erforderlich.

Los geht's:

Dieses Spiel ist ein traditionelles und beliebtes Spiel, das gern zur Faschingszeit gespielt wird.
Alle Kinder sitzen im Fersensitz im Kreis, sprechen den nachfolgenden Text mit und machen die Bewegungen dazu. Der Text wird immer schneller und schneller gesprochen und auch die Bewegungen werden immer schneller.

Aramsamsam, aramsamsam,	*Auf die Oberschenkel klopfen*
gulli, gulli, gulli, gulli,	*Mit den Händen Tretbewegungen wie beim Fahrradfahren machen*
ramsamsam,	*Auf die Oberschenkel klopfen*
arabi, arabi,	*Hände über den Kopf strecken und zweimal nach vorn beugen*
gulli, gulli, gulli, gulli,	*Mit den Händen Tretbewegungen wie beim Fahrradfahren machen*
ramsamsam.	*Auf die Oberschenkel klopfen*

Variante: Bein-Aramsamsam

Aramsamsam, aramsamsam,	*Im Sitzen die Beine aufstellen und abwechselnd auf den Boden stampfen*
gulli, gulli, gulli, gulli,	*Mit den Beinen in der Luft Fahrrad fahren*
ramsamsam,	*Im Sitzen die Beine aufstellen und abwechselnd auf den Boden stampfen*
gulli, gulli, guli, gulli	*Mit den Beinen in der Luft Fahrrad fahren*
ramsamsam.	*Im Sitzen die Beine aufstellen und abwechselnd auf den Boden stampfen*

Fasching, Fastnacht, Karneval

Tanz: Tierpolonaise

Alter: ab 3 Jahren

Gruppengröße: max. 12 Kinder

Ort: Bewegungsraum

Dauer: ca. 20 Minuten

Material: Faschingsmusik – für die Raupenpolonaise etwas ruhigere Musik – CD-Player

Es ist keine Vorbereitung erforderlich.

Los geht's:

Spielen Sie zu allen Varianten passende Musik.

Elefantenpolonaise
Alle Mitspieler legen eine Hand an die Nase und die andere durch die Armbeuge auf die Schultern des Vordermannes. Stampfend und mit lautem Trara setzt sich die Elefantenpolonaise in Bewegung.

Schlangenpolonaise
Ein Kind greift mit der linken Hand hinter dem Rücken die rechte Hand des Kindes hinter sich. Dies wiederholt sich, bis alle Kinder zu einer großen Schlange geworden sind.

Raupenpolonaise
Alle Kinder knien hintereinander. Jedes Kind umfasst die Fesseln des Kindes vor sich. Jetzt setzt sich die Raupe langsam in Bewegung und kriecht in Schlangenlinien durch den Raum. Passend dazu wird Faschingsmusik gespielt.

 **Tipp:**
Stoppen Sie während der Polonaise die Musik immer wieder. Sobald die Musik aussetzt, müssen die Tiere sofort anhalten und dürfen sich erst wieder in Bewegung setzen, wenn die Musik weiterspielt.

Fasching, Fastnacht, Karneval

Bewegung im Freien: Wir machen eine Parade

Alter: ab 3 Jahren

Gruppengröße: max. 12 Kinder

Ort: im Freien

Dauer: ca. 60 Minuten

Material: Handtrommel mit Schlegel – Kinderschminke

Vorbereitung:

Legen Sie im Vorfeld eine geeignete Wegstrecke fest und besprechen Sie mit den Kindern, dass sich alle an die Regeln halten müssen. Diese sind: Jeder bleibt an seinem festgelegten Platz in der Reihe, es wird nicht gedrängelt und auf die Kommandos der Erwachsenen wird gehört. Die Kinder dürfen sich aussuchen, ob sie Tiger, Pirat, Prinzessin oder Schmetterling sein wollen. Dementsprechend schminken Sie die Gesichter der Kinder.

Los geht's:

Alle Kinder ziehen sich warm an. Eine Erzieherin bildet mit der Handtrommel den Anfang. Nacheinander dürfen sich die Kinder, je nach ihrer Verkleidung in Gruppen (also z. B alle Tiger, dann alle Piraten) hinter ihr aufstellen. Den Abschluss bildet wieder eine Erzieherin.
Die Parade setzt sich in Bewegung, wenn alle stehen und die Mitarbeiterin im Takt die Handtrommel spielt und zu marschieren beginnt.

Variante:
Variieren Sie die Parade mit verschiedenen Bewegungsformen, z. B.

- mit der rechten Hand nach links und rechts winken
- auf Zehenspitzen gehen
- auf der Ferse gehen
- mit ganz großen Schritten gehen
- laufen

Tipp:
Besonders schön ist es, wenn unterwegs Eltern oder Nachbarn die Parade bewundern und vielleicht kleine Süßigkeiten oder Obst/Nüsse als Belohnung bereithalten.

Anhang

Literaturempfehlungen

Bierögel, Sybille: **Sternstunden – Turnen mit Alltagsmaterialien & Kleingeräten:** Fantasievolle Turnstunden kinderleicht umsetzbar in Kiga, Grundschule und Verein. Münster, Ökotopia Verlag 2014.

Grüger, Constanze/Hubert, Yvonne: **Phantasievolle Bewegungslandschaften für Kindergarten- und Vorschulkinder:** 75 Stationskarten für das ganze Jahr. Wiebelsheim, Limpert Verlag 2015.

Jung, Heike: **Bunte Bewegungsstunden für Kita-Kinder:** Vom Urwald-Abenteuer bis zur Weltraumreise. Mülheim an der Ruhr, Verlag an der Ruhr 2014.

Köhler-Hölle, Stefan: **Schwingelige Abenteuer:** Spiele mit dem Schwungtuch für 4- bis 8-Jährige. Mülheim an der Ruhr, Verlag an der Ruhr 2010.

Zur Autorin:

Michaela Lambrecht ist Diplom-Sozialpädagogin und Erzieherin. Ihre ersten beruflichen Erfahrungen sammelte sie in einem Heim für Kinder mit Behinderung und in einem Grundschulhort. 13 Jahre leitete sie einen mehrgruppigen Kindergarten. Während ihrer Elternzeit hat sie die Freude am Schreiben entdeckt und ist seitdem freiberufliche Autorin für Frühpädagogik. Derzeit ist ihre berufliche Heimat neben dem Schreiben eine Kinderkrippe.

Danksagung:

Viele Personen haben mich bei der Entstehung dieses Buches unterstützt. Das wären die beiden Fotografinnen Katrin Brown und Katharina Hajdu, ohne die es keine Fotos gäbe, die Inhaberin der Physiotherapie Deutscher, Ulrike Deutscher (physio-deutscher.de), und die Leiterin des Kinderklanggartens Susi Spicker (www.kinderklanggarten.de) für das Zur-Verfügung-Stellen der Räumlichkeiten.
Ganz besonders möchte ich mich natürlich bei den Kindern, die mit mir meine Ideen ausprobiert und entwickelt haben, bedanken. Und bei unserer bewegungsfreudigen Tochter Lena, ohne sie wäre dieses Buch nie geschrieben worden.

Petra Bartoli y Eckert

Kopierfertige Texte
mit Aufgaben für den Unterricht

Verlag an der Ruhr

IMPRESSUM

Titel
DaZ-Geschichten rund ums Ankommen
Kopierfertige Texte mit Aufgaben für den Unterricht

Autorin
Petra Bartoli y Eckert

Umschlagmotive
Dorothee Wolters

Illustrationen
Dorothee Wolters

Druck
Heenemann GmbH & Co. KG, Berlin, DE

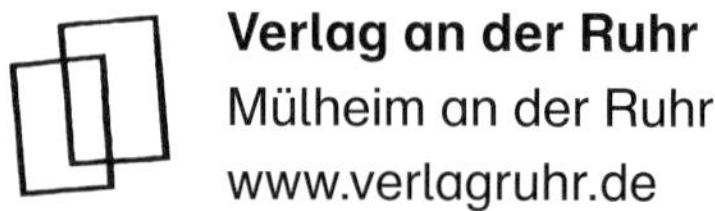

Verlag an der Ruhr
Mülheim an der Ruhr
www.verlagruhr.de

Geeignet für die Klassen 5–7

ISBN 978-3-8346-6208-8